成功电商之路系列

电商视觉营销

Visual Marketing

网商动力研究院 / 主编
朱华杰 苏然 刘雨晴 / 编著

電子工業出版社
Publishing House of Electronics Industry
北京•BEIJING

内 容 简 介

本书是网商动力研究院推出的“成功电商之路系列”中的一本，是针对成功电商运营中视觉设计环节的专门课程。将商品的卖点、商品企划的信息、品牌信息，通过视觉系统传达给客户，来增加点击率、增加转化率、提升调性，这就是视觉的作用。视觉营销，需要有思考，如果没有系统化的考虑，只是简单地让美工处理，则无法实现品牌电商的成功需求。本书专门针对全网和淘宝两大领域的电子商务视觉营销进行了讲解。

本书适合所有的淘宝卖家和电子商务网站运营工作者阅读。

图书在版编目（CIP）数据

电商视觉营销 / 网商动力研究院主编；朱华杰，苏然，刘雨晴编著. —北京：电子工业出版社，2014.1
（成功电商之路系列）
ISBN 978-7-121-22120-0

Ⅰ. ①电… Ⅱ. ①网… ②朱… ③苏… ④刘… Ⅲ. ①电子商务－市场营销学 Ⅳ. ①F713.36

中国版本图书馆 CIP 数据核字（2013）第 296166 号

策划编辑：林瑞和
责任编辑：葛 娜
印 刷：北京天宇星印刷厂
装 订：北京天宇星印刷厂
出版发行：电子工业出版社
北京市海淀区万寿路 173 信箱 邮编 100036
开 本：787×980 1/16 印张：13.5 字数：297 千字
版 次：2014 年 1 月第 1 版
印 次：2023 年 3 月第 22 次印刷
定 价：79.00 元

凡所购买电子工业出版社图书有缺损问题，请向购买书店调换。若书店售缺，请与本社发行部联系，联系及邮购电话：（010）88254888，88258888。

质量投诉请发邮件至 zlts@phei.com.cn，盗版侵权举报请发邮件至 dbqq@phei.com.cn。

本书咨询联系方式：（010）51260888-819，faq@phei.com.cn。

前言：成功电商之路

网商动力致力于电商教育已经有六年了，我们见证了电商行业的崛起、发展和辉煌；同样，也更多接触到了电商的困惑、无奈与绝望。尤其近年，越来越多电商的发展遇到了困境，电子商务运营经验丰富的淘宝网商们，为什么增长越来越难，利润越来越少，生意一年比一年难做？资源与资金都具备优势的传统企业们，为什么电子商务无从下手，陷入一做就亏，不做就死的境地？企业开展电子商务到底有没有一条成功的捷径？

淘宝卖家们的困境

第一代淘宝卖家，纯卖货，不懂零售，不会营销，只需要勤劳和勇敢，但那个中小卖家的黄金时代再也不会重现了；第二代淘宝卖家，有技巧地卖货，这些技巧包括：烧车、钻展、报名参加平台活动，还有刷单打爆款等，这个迷信流量资源、迷恋运营高手的时代让很多人疯狂，也让很多人绝望；第三代淘宝卖家，有思想地卖货，他们有品牌意识，懂数据分析，懂定位，懂营销，还懂管理！这是大浪淘沙优胜劣汰的残酷时代。如果能够在这个时代脱颖而出，也许就可以"淘"出升天，成为真正的品牌。这里就要说到淘品牌，一部分淘品牌的重心在"淘"，而忽略了"品牌"，所以就被淘汰了；一部分淘品牌去掉了"淘"，就成了品牌，而且是更有生命力的品牌。这是商业进化中的蜕变，是市场经济法则。

大部分淘宝卖家们关于商业的启蒙教育就是从淘宝开始的，所以在这个相对封闭的商业社会中每天思考的就是淘宝平台的规则变化。淘宝的每一次规则变化都会让一部分卖家难受或者死亡，淘宝每一次调整的红利期都会让一部分卖家鸡犬升天。这种思考固然重要，但是会禁锢人的思维，让我们忽略了商业的本质是服务消费者。

所以，今天淘宝卖家们的困境不是流量成本越来越高，不是平台规则的变化莫测，而是商业思维方式的改变，是以平台规则为中心向以消费者需求为中心转变。推动你的生意持续发展的不再是平台的流量红利，你今天拥有的平台资源可能明天就消失了，因为淘宝把这叫"拥抱变化"；

你今天的战略性亏损可能是明天的持续性亏损，因为消费者在这个浩如烟海的平台中根本就不记得你。

传统企业的困境

传统企业都在线下拥有一定的资源优势，有的是生产供应链优势，有的是品牌优势，有的是资本优势，随着进入电商的企业越来越多，级别越来越高，传统企业玩转电商的门槛也越来越高。

开始很多传统企业不懂电商运营，把运营技术看得很神秘，很多找代运营企业，或者自建团队。但经过几次上当受骗，反复折腾，也基本了解了运营方面的门道，其实通过自我学习、培养团队或引进人才解决这些问题也不难。后来发现销售额也做起来了，但是不仅没有利润，反而把线下的生意冲击得一塌糊涂。问题在哪里呢?

有的生产型企业用做批发的思想来做电商零售，成本定价法，在渠道推广预算和企业经营成本上缺乏规划，这样的企业从一开始就没有盈利的可能，只会卖得越多亏得越多。有的线下品牌企业用市场占有率的思想来做电商，不断地上活动、降价、冲销售额，但是却伤了品牌，也伤了线下的渠道，拿品牌价值去换取虚假的人气排名，火了平台，坑了自己。

所以，今天的传统企业做电商的困境不是运营技术，也不是资本和资源，而是对商业本质的理解。电子商务作为一个新兴的交易渠道，改变的是产品销售方式，提升的是交易效率；但是没有变的依然是以客户为中心，提供满足客户需求的产品。当电子商务渠道的运营技术不是问题时，最大的问题就是规划各大渠道之间的关系，让各大渠道能够相互促进，而不是相互打架。

关于电商教育的思考

网商动力从 2008 年开始从事电子商务教育培训，经历过几个阶段：给第一代淘宝卖家培训的是开店的操作和创业的勇气，他们就如同改革开放之初第一批下海发财的人；给第二代淘宝卖家培训的是推广营销的方法和技巧，他们就如同 20 世纪 90 年代靠政策和资源发家的暴发户；给第三代淘宝卖家培训的是品牌和管理，他们就如同在市场经济情况下发展起来的品牌企业；给线下传统企业培训的是电子商务的意识和专业知识，他们就如同不断涌入中国的外企，他们来到这个陌生的市场最需要了解的是基本国情。

今天，我们还把电商企业和传统企业分开对待，但电子商务与传统商务的界限越来越模糊，在未来电子商务一定会消失，因为所有商务都是电子商务。电子商务是以消费者需求为中心的市场经济，只有真正关注消费者需求，遵循市场经济规律，才能成就伟大的企业。

所以，我们开始在纷繁复杂、快速更迭的电子商务知识中寻找不变的规律。我们一边培训和研究客户，一边也在不断地参加各类商业培训学习；一边总结电子商务发展的规律，一边又在自己的企业进行试验。对于企业开展电子商务，网商动力有了自己的发现，并逐步形成了自己的知识理论体系。

发现一：传统商业理论发挥着巨大的威力。

长尾理论：长尾理论讲的是富饶经济学，它是相对于传统的稀缺经济学而言的。所谓稀缺经济学是假设这个世界是一个资源、物资、产品极度匮乏的世界。因此，在这个世界中只有最热门的商品才能满足大众的需要，才能最终通过庞大的销售基数，降低售价，提高利润。而富饶经济学假定这个世界是一个物资、产品极大丰富的世界，而每个用户的需求也是千差万别的。因此，用户并不仅仅需要那些最"热门"的明星产品，相反，他们十分关心那些小众商品。尽管每一种小众商品的销售量和利润不足以支持一个店铺、一家企业的运营，但是当这种小众商品的数量达到一定的级数后，其乘积将代表一个客观的利润。电子商务的发展就是一个从稀缺经济向富饶经济转型的过程，早期产品不够丰富的时候靠降价打爆款可以快速获得成功，现在电商平台上的商品极度丰富，关注小众需求的网店和企业最容易成功。

定位理论：按照艾·里斯与杰克·特劳特的理论，所谓定位就是让品牌在顾客的心智阶梯中占据最有利位置，使品牌成为某个类别或某种特性的代表品牌。这样当顾客产生相关需求时，便会将该品牌作为首选，也就说这个品牌占据了这个定位。当定位理论结合上长尾理论时，我们发现在互联网上快速成长起来了一批品牌企业，例如：阿芙精油、裂帛女装、小狗电器、花笙记男装等非常有特色的品牌。

除此之外，大卫·奥格威的品牌形象论、4P、4C营销理论等依然在电子商务领域发挥着作用，但是电子商务的发展，特别是移动互联网的发展，又不断地完善和更新了这些理论。很多电商认为电子商务是一场革命，这场革命会颠覆所有的商业规律。的确，电子商务是一场革命，它可以颠覆落后的交易模式，颠覆落后的生产关系，但是它还是在遵循商业规律。

发现二：碎片化的知识只能改善业绩，系统化的知识才能改变命运

电子商务时代，我们获取信息和知识的方式发生了巨大的变化。140 字以内的微博、几十秒的语音留言成了我们最为快捷的学习方式，海量的、碎片的信息不断充斥着我们的大脑，每一个信息都是有用的，但是也是杂乱的、无序的、不成体系的。

作为电商都十分喜欢流量方面的干货，因为每一个干货都能解决一个问题，能改善业绩。但一个企业除了需要解决流量、转化等运营层面的问题，还需要解决品牌定位、商品企划、渠道管理等战略方面的问题，需要解决团队管理、流程化管理、数据化管理等管理方面的问题，而战略、运营、管理三方面又是密不可分、相互影响的一个系统，只有整个系统正常运营，企业才能健康发展。

另外，很多电商的服务商都专注于某一领域，是能解决某一领域问题的专家。但往往又是这些专家将他们服务的领域在企业老板那里强化成最重要的事情，企业老板反而被误导了，最后导致企业的失败。所以作为企业老板必须建立自己的系统化思维，掌握规律，而不仅仅是掌握技巧，一个企业不可能只靠一招鲜来获得长期发展。

发现三：学习最重要的是掌握规律，而不是学会技巧

淘宝网上每年都会死掉很多网店，如果仔细分析他们的失败原因，其实很多人都是一样的，他们只是在一遍遍地重蹈先烈的覆辙而做出的无谓的牺牲。比如看到别人用一招打爆款有效果，马上跟风模仿，而不管环境条件是否一样，产品类目是否一样，这样的情况一般都会惨遭失败。

没有人总结规律，每一次的成长都是通过不断试错付出了巨大代价而得来的。如何才能吃一堑长一智，或者说别人吃一堑我长一智呢?

今天做电商的企业家应该系统地学习商业知识，了解商业的基本规律，了解每一个专业里面的基本规律，遵循规律，敬畏规律，才能少走弯路，避免无谓的牺牲。

网商动力的电商课程理论体系

电商遇到的很多问题，其实在中国改革开放时传统企业也遇见过，在世界资本大潮中那些外国企业也遇到过，那些经历过这些阶段并生存下来的企业都有其过人之处，或可为网商的涅槃提供参考。我们作为教育工作者，正应该将这些全部借鉴过来，结合网商企业客户的实践融会贯通，把这些阶段性的思考和成果，通过课程和本系列图书展现给大家。

1．消费者需求中心说

电子商务是最为市场化的经济形态，在商品极大丰富、购物渠道日趋多元的时代，消费者的选择越来越多，权利越来越大。过去那些控制媒体资源、控制渠道资源、虚假宣传的商业模式在电子商务时代将越来越难以生存，只有真正地洞察和满足消费者的需求，才能获得可持续发展。

2．电商竞争力模型

前面我们讲了这么多企业遇到的困难，发现在电商一波波的发展过程中，一些电商逝去，还会有一些电商迸发，我们在探寻其中是否存在规律。经过这一年来的不断探索，提出了电商竞争力模型，如图 1 所示。

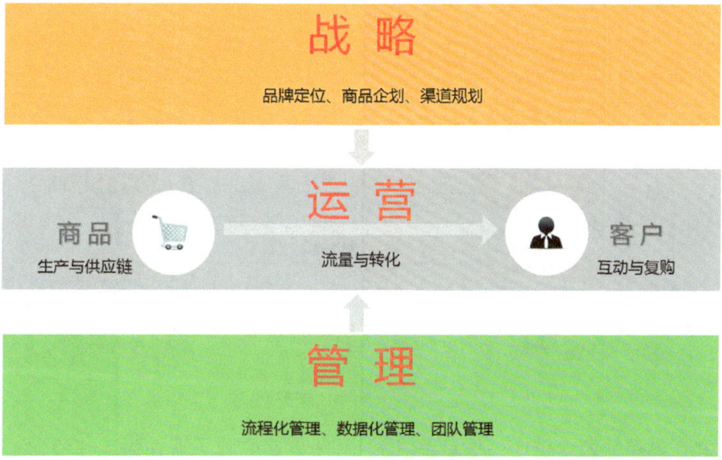

图 1　电商竞争力模型

对于电商竞争力模型的解析如下：

首先，“商品”与“客户”是电商的两个核心，运营就是解决企业把商品销售给客户的问题；战略就是通过品牌定位和商品企划等解决销售的溢价问题；管理就是通过流程化、数据化的管理来解决公司的效率问题。每一个成功的电商企业都有战略、运营、管理三大支柱。这三大支柱缺一不可，如果只是天天研究运营里面的销售，那远远不够，没有全局观。只有兼顾这三个方面，再从一个方面去突破，才具备竞争力。

所有的企业，包括各种各样的行业，其实都适合这个模型。下面给大家分享一个更详细的解读，如图 2 所示。通过这个解读，网商动力重新设置了课程体系，并研发了与之相应的本系列图书。

3．电商战略与运营关系图

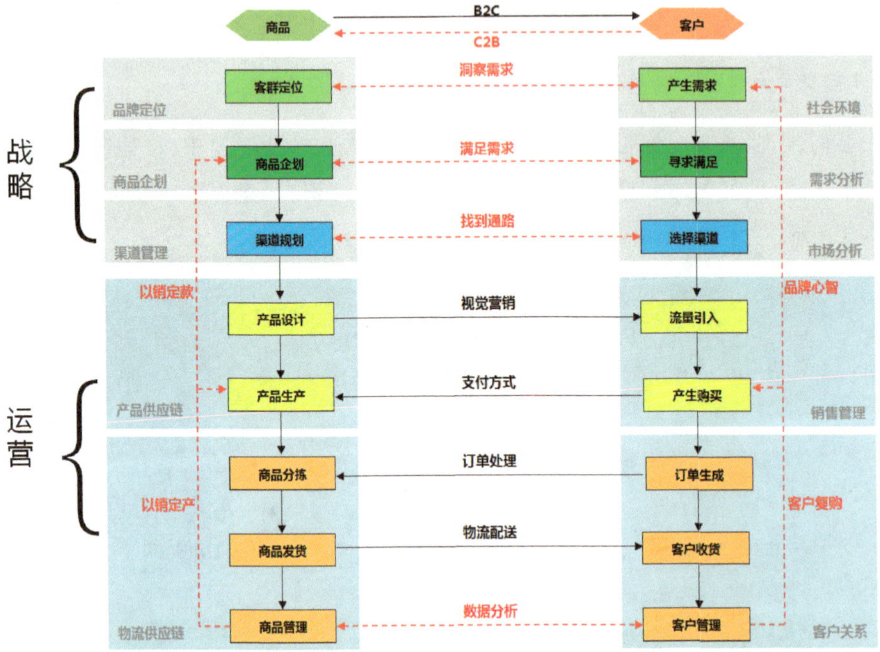

图 2　电商战略与运营关系图

我们刚才讲到电商的两大核心——商品和客户，所以在企业里有两大工作流，第一个叫商品流，第二个叫客户流，而在电商经营过程中就是解决商品和客户的匹配与对应，首先在战略规划的时候就考虑如何让商品和客户更加匹配。

（1）品牌定位。消费者需求是生意的源点，品牌定位是你找到一类客户需求之后，给它起一个名字，并想办法让你的品牌成为这个领域的第一或者唯一。

（2）商品企划。商品企划就是品牌定位确立之后，思考如何利用商品来满足消费者的需求。如何思考商品的结构、商品的价格、商品的供应链、商品的运营，这些就是我前面讲的商品企划。

（3）渠道管理。商品企划时要思考：要到哪里去销售这个商品，客户到哪里来购买这个商品？这个就是渠道。消费者是在不同的渠道进行迁移的。

品牌定位、商品企划、渠道管理做好之后，就开始做运营层面的事情，在商品端包括产品供应链与物流供应链，在客户端包括销售管理与客户管理，在商品和客户的交互中包括视觉营销、支付方式、订单处理、物流配送和数据分析。

我希望每一个学员和读者的心中都有一个图，就是“电商战略与运营关系图”，大家每学一门课，每看一本书，每学一些知识，每接触一个服务商，每认识一个讲师，你就知道他教你的内容、他给你提供的服务，是属于哪个模块的内容。你要知道自己的企业（网店）缺什么，什么东西是优势，什么东西是劣势，要知道自己能够非常明确地去判断经营中遇到的问题。

比如说，过去遇到转化率的问题，我们第一想到的是视觉，第二想到的是客服。其实决定转化率的是什么呢？不是视觉和客服，而是你在背后有没有设计符合客户需求的商品，所以它的源头是商品企划环节。同样的商品要是品牌强的话，转化率就更高；品牌不强，转化率就会很低。所以更深层的原因是在品牌定位、品牌的包装塑造上。思考清楚这些问题之后，你就不会再纠结于解决眼前的这些问题，你要去思考公司更深层的问题。

成功电商之路

我们要做品牌，朝着品牌的方向发展，第一件需要做的事情就是明确三大战略——品牌定位、商品企划、渠道管理。

接着要懂得电商运营层面的三大战役——流量之战、转化之战、复购之战。这些仍很重要，只是你不能把所有的目光集中在这里。

最后一定要搞定电商管理的三大管理——数据化管理、流程化管理、团队管理。

这些是我们整个全部课程（图书）体系的核心，也是企业经营中必须要掌握的、深刻理解的核心思想。

关于本书

我们网商动力研究院推出的这套教材正是围绕以上核心课程体系编撰的系列教材，本书《电商视觉营销》是针对成功电商运营地图中视觉设计环节的专门课程。

本书第 1 章“视觉营销概述”、第 4 章“产品视觉”、第 5 章“营销视觉”、第 6 章“视觉 VI 手册”由朱华杰老师写作，第 2 章“品牌视觉”由刘雨晴老师写作，第 3 章“好品牌，从文案开始”

由苏然老师写作。本书所有章节内容最终由朱华杰老师统一修改整理。

将商品的卖点、商品企划的信息、品牌信息，通过视觉系统传达给客户，来增加点击率、增加转化率、提升调性，这就是视觉的作用。本书制定了营销视觉系统，不只是简单地教人设计一个图，而是教企业主如何进行系统的思考。

视觉营销，需要有思考，如果没有系统化的考虑，只是简单地让美工处理，则无法实现品牌电商的成功需求。

我们最新的课程体系以及相应的系列图书，在此都呈现给了大家。我们网商动力用最真挚的心、最好的表现，希望得到大家的认可，希望大家理解我们的价值，理解我们的用心。书稿整理时间仓促，未免有遗漏之处，望各位读者朋友批评指正！

廖江涛 2013.12

网商动力研究院院长

微博：网商动力廖江涛

目录

第 1 章

视觉营销概述

1.1　你的店铺视觉遇到什么问题

看看你的店铺是不是也存在以下问题。

（1）我的店铺视觉没有记忆点。

（2）视觉导购有问题，购物路径不清晰。

（3）版面布局总是有人反映：乱。

（4）不知道顾客想看什么，喜欢什么，然后就瞎借鉴。

（5）店铺详情页属性都介绍得很好，最后如何让客户加速下单。

（6）总被竞争对手模仿，价格战不断。

（7）宝贝描述的逻辑顺序不知道怎么调。

（8）某些类目天猫规定了先介绍什么，后介绍什么，我想知道怎么能做出自己的个性来。

（9）我们店铺装修产品的客单价不是特别匹配，感觉不值这个价。

（10）设计师做的，不是老板想要的。

（11）店铺装修没有标准，没有流程。

（12）促销图片没人点。

…………

以上是我在一次上课前做的一个调查，让现场所有的掌柜把自己店铺里遇到的视觉问题都写在白板上，然后看课程结束后，能不能解决大家的问题。最后大家发现白板上的问题在课程里都解决了，而且自己没有想到的问题老师也想到了。

怎么会如此神奇呢？

因为视觉是有规律、有标准的，我这 10 多年来一直致力于研究视觉方面的问题。我把视觉分为：品牌视觉、产品视觉和营销视觉，所有店铺的视觉问题都包括在这三大体系中。

为什么要这样分呢？

我们看这个销售额公式，大家就明白了。

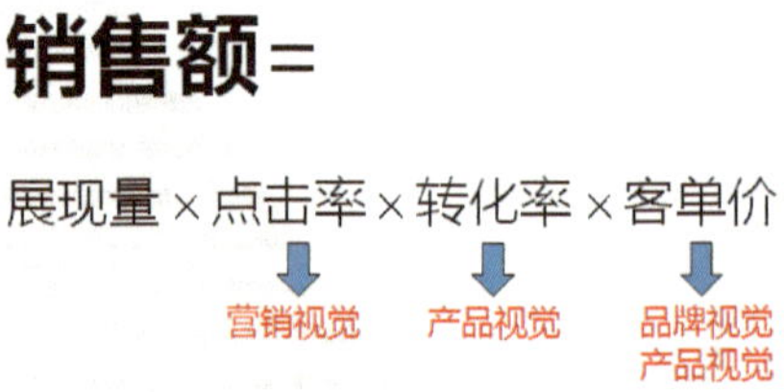

接下来，我分别解释一下品牌视觉、产品视觉和营销视觉。

1.2 品牌视觉

品牌视觉——是占领用户心智的符号，也就是让人如何记住你，表现你的产品区别于同类产品的差异化。品牌视觉定位包括：Logo、Slogan、色彩、字体、品牌活体、品牌包装、品牌摄影。

Logo

Logo（网店标志）承载着网店的无形资产，是网店综合信息传递的媒介。在形象传递过程中，Logo 是应用最广泛、出现频率最高，同时也是最关键的元素。

网店的定位、经营模式、产品类别和服务特点都蕴涵于标志中，通过不断的刺激和反复刻画，深深地留在受众心中。

很多网店都忽略了自己的标志设计，在 Logo 固定位置上的标志和 Banner 上的标志都不统一，往往会让消费者很快识别出这家店并不正规，也不成熟。

标志对于一个店来说就像一个人的名字，如果名字能随意地改，那么这个人的资信就一定不会很高。

淘宝网店的标志会出现在哪里？

（1）店内的店招、产品主图、宝贝详情页等（见图 1-1）。

图 1-1　Logo 出现在店铺左上角最显著的位置

（2）搜索列表很多人都忽视了，这个位置是比较大的一个流量入口，尤其是对于知名度比较高的品牌（见图 1-2）。

图 1–2　搜索列表不可忽视

（3）淘宝上有纷繁复杂的流量入口，尽管这些入口的流量较小，但是集腋成裘，流量也很可观。值得一提的是，它们都是免费的，这些位置正是你的 Logo 发挥作用的地方（见图 1-3）。

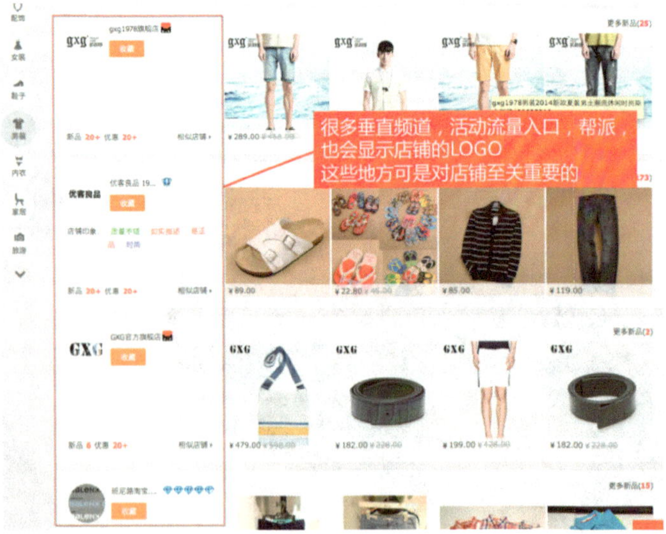

图 1–3　纷繁复杂的流量入口

（4）商城品牌街、无名良品、手机淘宝等都有可能出现 Logo（见图 1-4）。

图 1-4　Logo 无处不在

Slogan

一句好的宣传口号（Slogan）可以为我们的产品、店铺代言，加深客户的记忆点。如“好空调，格力造”，这么多年他们一直这么叫，人们不光记住了这句话，同时也把格力空调的产品优势叫出来了。人的大脑分为左右脑，左脑管文字，右脑管图像（见图 1-5），所以 Logo、Slogan 的有机结合可以加深记忆。

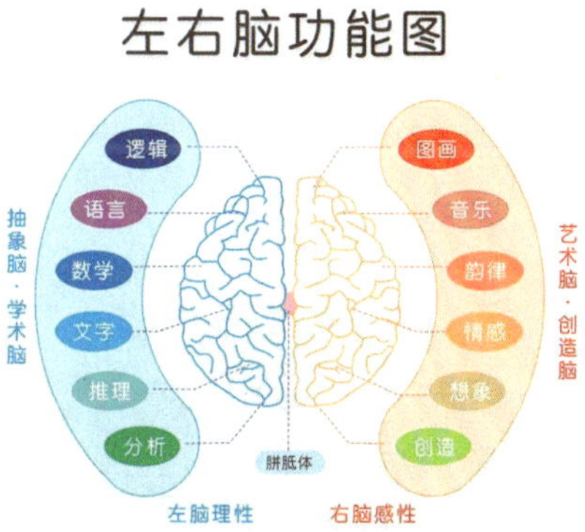

图 1-5　根据美国加州大学医学博士斯佩里教授的“左右脑分工”论文理论绘制的左右脑功能图

色彩

色彩是视觉中最重要的一环，我们老远就看到一个页面，不是内容吸引了我们，而是它的颜色布局，如果一个品牌总是惯用一种主色调，那么也会增加老客户的识别度。如搜索“相宜本草”，在搜索列表中出现的都是绿色，这无疑会增加客户的记忆度（见图 1-6）。

图 1-6 “相宜本草”搜索列表

字体

品牌字体也需要统一，个性鲜明的字体和色彩一样可以增加客户的识别度，如可口可乐的 Logo 字体（见图 1-7）。

图 1-7 可口可乐的 Logo 字体

品牌活体

品牌活体就是一个可以代表自己形象的人或物，简单点讲，也就是品牌形象大使，这不一定非要是明星，可以是一个动物、一个卡通或一位达人。如多乐士的那只狗，只要想到这样一只狗，就会联想到多乐士（见图 1-8）；还有淘宝休闲零售品牌新农哥，用的就是一个卡通形象（见图 1-9）等。

图 1-8 多乐士的品牌活体

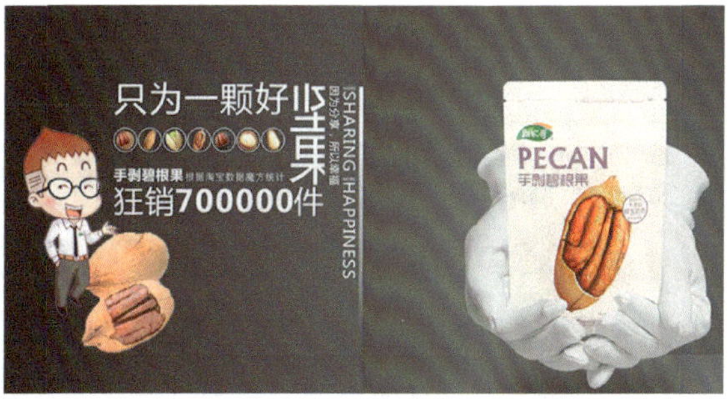

图 1-9　新农哥的品牌活体

品牌包装

品牌定位之后，需要坚持用同样的声音说话。从头到尾，从客服的话到一个消费者回评都应保持同样的品牌调性。

比如哈根达斯，有一个“浪漫奢侈品冰淇淋”的定位（见图 1-10），接下来它的整体都围绕着浪漫来诉求。

图 1-10　浪漫奢侈品冰淇淋

从浪漫的产品开始，完全诠释了什么是浪漫的奢侈品冰淇淋。

再到浪漫的赠品、浪漫的一些活动和小玩意（见图 1-11），甚至店铺里的环境，都在萦绕着浪漫的氛围。

图 1-11　哈根达斯浪漫的赠品

如图 1-12 所示是哈根达斯的“宝贝描述”，难道不是在坚持浪漫的表达？跟浪漫的奢侈品冰淇淋是不是完全统一，调性一致？

图 1–12　哈根达斯的“宝贝描述”

如果圣诞节当天下雪，哈根达斯全场 8 折，让我们一起期待圣诞的雪！

如图 1-13 所示，多么浪漫的促销，跟定位是不是也是一致的？

图 1–13　哈根达斯浪漫的促销

甚至代言人的风格也跟着品牌定位的调性走，你见过这么优雅浪漫的李娜吗？（见图 1-14）

图 1-14　优雅浪漫的李娜

所以说品牌包装其实是一个全方位统一调性，加深品牌识别的过程。包装需要丰富，但是也需要统一。从产品到拍摄再到很多环节，传达出来的概念越是单一，越是清晰。

大家想想“怕上火喝加多宝”，那什么时间喝启力呢？

不知道，因为很多时候都可以喝启力。

困了累了呢？喝红牛。

为什么启力花了更多的钱，却没有一个清晰的形象呢？

现在，大家明白了吧。

品牌摄影

确定了自己的品牌定位，如何才能将品牌调性表现出来，这就要看品牌摄影了。如果你能做到——你的产品图片不用放 Logo 或者不用放在你的店铺里，就能让消费者认出是你家的产品，那么你的品牌摄影就到位了！那淘宝里可以列出来的品牌有哪些呢？我想以下几个品牌大家应该都比较熟悉，如七格格（见图 1-15）、茵曼（见图 1-16）、花笙记（见图 1-17）等。

图 1-15　七格格品牌摄影

图 1-16　茵曼品牌摄影

图 1-17　花笙记品牌摄影

如何才能让人记住你呢

根据品牌接触点，我们统一品牌形象，让以上内容不管在什么地方见到都是一样的，不断地重复，重复的次数多了人们自然就记住你了，就像脑白金的广告语一样："今年过年不收礼，收礼只收脑白金"，这样不断重复的杀伤力比原子弹的威力还大。有一位教育专家曾经做过一个研究——如何让小孩记住一件事，最多重复 21 次就可以了。你能让你的品牌标识在消费者眼前重复 21 次吗？

品牌视觉定位一旦确定下来，就千万不能变来变去！

凡是可能出现品牌元素的位置都应该是统一的，品牌接触点可以分为店铺类（天猫、淘宝、京东、凡客、拍拍、当当、独立 B2C 等）、流量类（钻展、直通车、明星店铺、搜索列表、淘宝客、SNS 等）、活动专题等。

1.3 产品视觉

产品视觉——是决定转化率的关键因素，其内容包括店铺装修和宝贝详情页描述。客户进入你的店铺能否成交取决于宝贝详情介绍，能否找到他想要的产品取决于你的店铺购物路径是否合理。

1.4 营销视觉

营销视觉——主要考核点是点击率，我们的钻展、直通车图片、店内活动促销图等能否被客户点击都属于营销视觉的范畴。

所以说，品牌视觉、产品视觉和营销视觉的内容囊括了店铺内的所有视觉问题，如果你能把这三大体系弄明白了，而且都落实到位，那么你的店铺转化率一定高于同行业。当然，前提条件是你的店铺定位、产品质量、供应链、客服、仓储物流等运营环节没有问题。

第 2 章

品牌视觉

2.1 电商品牌路在何方

电商在做什么

我们是谁?

我们是电商!

我们每天在做什么?

我们每天在做工厂的中转站、快递的搬运工!

我们拼命进聚划算、刷爆款、送礼、清仓……

说白了，一切都是为了卖货!

如果没有品牌，那么赚的都是辛苦钱!

目前电商面对的是什么

如果说 2006、2007、2008 年做电商，是在蓝海里航行，那么从 2009 年开始就是跳进红海里搏杀，传统品牌大举进军电子商务，生产型企业也因为外贸份额的降低开始转向电子商务平台，让我们生存的空间越来越小，越来越艰难。

产品同质化严重，各平台活动没个三五折，就根本没有参与的机会，利润被不断提升的广告费用剥夺！

那我们怎么办？

做品牌是最佳的突破口

不言而喻，大家都明白一个道理，那就是拥有品牌就是拥有溢价权！

品牌溢价是什么？

品牌溢价就是满足消费者欲望层面的一种东西。

商品一般可以满足消费者 3 个层面的要求：需要、需求和欲望（见图 2-1）。需要是商品的基本功能，需求是商品功能的提升，欲望是满足消费者使用功能以外的精神需求！

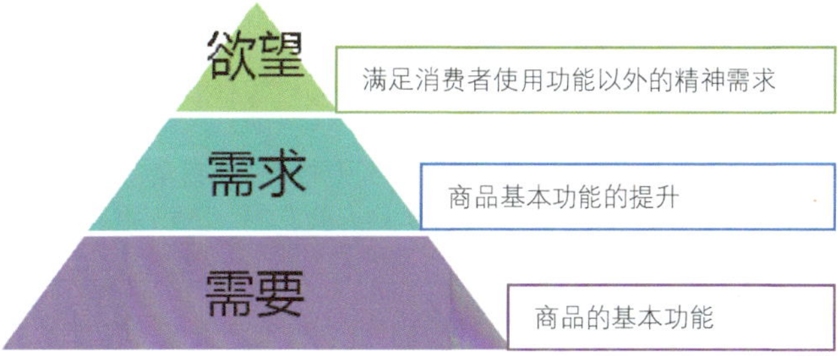

图 2-1　商品的 3 个层面

比如轿车的基本功能就是代步，可以比人走得快，不怕风吹日晒，这是需要层面；在满足这些条件的同时能否更安全、平稳、可娱乐、方便操控等，这就是需求层面的；如果能够买一辆总统坐过的车，这就是满足欲望层面的需求！

奔驰到底能比别克君威好出多少？20 多万的君威，奔驰从配置算起来可能比它最多多了 20 万的样子，但是奔驰硬是卖到 80 万到 90 万，甚至更高，这就是品牌溢价。

购物心理从需要、需求到欲望是 3 个级别的跳升，从需求到欲望跳升级别是最高的，精神层面的东西所表现的质感，是非常优雅、有格调的一种展现形式，让你觉得与身份匹配。

比如在大酒店的门口，从一辆奔驰上下来的人仰着头“嘭”把门一摔，旁边的人看见了会说：“看，是开奔驰来的！”要是开一辆奥拓过去，就赶紧找个小旮旯一锁，低头走了。

品牌所传递的理念和价值，这种虚的东西远远超过它本身的价值。再比如 LV，没有一款是真皮的，但是你买了，你享受到 LV 的什么服务了吗？专卖店媚笑着把东西卖给你之后，它会继续为你服务吗？花 10000 元钱，其中 9950 元都是为满足自己的虚荣心欲望买单的，只有 50 元才是付给它的实际价值。电商不奢求达到这样的程度，只要比同行高那么一点点就开心了。别人上聚划算，一件挣一元，我一件挣两元，一万件我就可以多挣一万元钱出来，做品牌的目的就是为了溢价的空间。

大家都知道，做品牌需要花费大量的金钱，所需要的投入与风险，大大地超过了电商所能承担的力量。

那么就没有办法了吗？

有！不但有办法，而且每一个电商都可以做品牌！只要大家在日常的工作中运用适当的方法，就有打造出品牌的可能！

在做品牌之前，首先要了解品牌是什么

品牌是一种识别标志、一种精神象征、一种价值理念，是品牌优异的核心体现。

品牌是由消费者多年使用的感受积累而成的，这些内在的感受就是品牌本身。

品牌是指消费者对产品及产品系列的认知程度。品牌是可以触发受众心理活动的商品（或者组织）标识。

“品牌”不是“商标”。“品牌”指的是产品或服务的象征，而“商标”指的是符号性的识别标志。品牌所涵盖的领域，必须包括商誉、产品、企业文化以及整体营运的管理。因此，品牌不是单薄的象征，而是一个企业总体的竞争或企业竞争力的总和。品牌不仅仅包括“名称”、“徽标”，还涉及系列的平面视觉体系，甚至立体视觉体系。但一般常将其窄化为在人的意识中围绕着产品或服务的系列意识与预期，成为一种抽象的形象标志，甚至将品牌与特定的商标画上等号。

在上面对品牌的解释里，提到了“品牌是一种识别标志、一种精神象征、一种价值理念”，而识别标志、精神象征、价值理念就是品牌的三要素！

了解了塑造品牌所需要的三要素后，我们就可以开始动手操作了！

创造品牌的第一着陆点——视觉

为什么通过视觉来做品牌？电商有一个说法叫做“眼球经济”，每天我们的工作就是通过视觉、图片来销售，靠图片过日子，每天研究的就是如何展现、如何通过视觉来传达信息。

而品牌的传播无论是杂志广告、电视宣传片还是专卖店形象，也都是通过视觉传播作为第一着陆点的，这正好是电商每天都在处理的工作。比如钻展、直通车等一系列的网站推广，消费者吃不着、摸不着，只能通过看图片来决定是否下单，如果我们把每天做的事情都按照做品牌的方式来进行，那么我们也就离品牌不再那么遥远了。

现在，我们要回到最原始的原点，寻找品牌的三要素：识别标志、精神象征、价值理念。

2.2 如何找到自己的品牌三要素

第一要素：识别标志——Logo

Logo 就是品牌标识，品牌标识需要具备以下几个要点。

（1）传递清晰。

标识越简单，越容易让人记住。

（2）行业特性。

可以比较容易地产生联想，增加记忆。

（3）色彩匹配。

颜色的选用符合大众对行业的认知。

（4）受众喜好。

投其所好，容易被接受。

（5）持续延展性。

要符合 Logo 的应用原理。

（6）理念关联。

让人一看到你的 Logo，就知道你要表达什么。

以上 6 个要点都达到是不太可能的，只要符合一个或者几个就是一个好的 Logo!

Logo 确定了，要坚持使用，有的老板特别喜欢改变自己的 Logo。做美工、设计的朋友肯定有这种体会，设计一个 Logo 总是喜欢改来改去，最后把消费者都改跑了。就好像你总是更换手机号码，慢慢地就发现很多人都不记得你了。如图 2-2 所示是我们常见的品牌 Logo，这些 Logo 的变化极少，甚至几十年近百年都没有变过！

图 2-2　品牌 Logo

第二要素：精神象征

精神象征是指在消费者认知中品牌所代表及蕴涵的意义、象征、个性、情感、品位等综合文化因素的总和。

精神象征是一种替代标识，代表品牌形象与精神，并且便于记忆的具象形态。

电商现在的商品 SKU（商品数量）太多了，同样的商家也太多了，如何让消费者记住你，光凭 Logo，能有 1%的人记住就是万幸了。

精神象征所表现出来的东西一定要给消费者触电般的感觉，就像一见钟情，这样才能有有效的品牌传播力。那么，我们如何找到自己的精神象征呢？这是个很难的问题，通常会有三个方法来寻找属于自己的精神象征。

1．比较法

采用同类或者差异类进行比较，建立强烈的感知认同。

比如说你的东西小巧、便捷，你用什么来表现这个东西小呢？可能跟一个樱桃和西瓜放在一起比较，表现出品牌的特性，然后产生认知。

下面我们来看一个卖气泡垫的，用手呵护，与产品对瓷器的保护比较，让人强烈感受到产品的特性（见图 2-3）！

图 2-3　气泡垫的比较法

2．比喻法

选择与产品或品牌的触感认知近似或相同的事物来建立感知认同，这可能是很难找到的，但是如果找到，就会非常有效果。

大家都看过德芙的广告（见图 2-4），德芙巧克力用丝绸来表现巧克力入口后的丝滑感受，传播力超强！

3．替代法

用毫无联系但是有着广泛认知度的事物来代表品牌！

多乐士，在哪里做广告都有这只狗，大家看多了，看到这只狗就想到多乐士（见图 2-5）。

图 2-4　德芙广告

图 2-5　多乐士的品牌代表

第三要素：价值理念

价值理念也是我们所说的 Slogan，Slogan 是一个反复使用的品牌推广用语，有的电商品牌已经在做了，比如"阿芙就是精油"、"新农哥一起嗑"等。传统品牌如"JUST DO IT"、"农夫山泉有点甜"、"怕上火喝王老吉"等，让人记忆深刻，并且能够在需要的时候第一时间想起来。

我们要塑造品牌，就一定要找到属于自己的品牌三要素：识别标志、精神象征、价值理念。这三要素是一个品牌向受众传递情感的载体，没有这三要素的存在，品牌便失去了灵魂，即使你花费了大量的资金去推广，也丝毫不能在受众心中建立领地。

2.3 整理品牌形象的三把刀（3 个方法）

找到要点后如何整理自己的品牌形象？我们先看一下传统的品牌版式，比如飞利浦的一个纸质媒体宣传册（见图 2-6），每一个册子都表现了它的科技产品在生活里的应用。你会发现它的内容不一样，但是所有表现版式的要求都是一样的——一个人物，配几张图片，有统一形式的文字块。这样让人觉得信息量很丰富，而且杂而不乱，大家把这几个图裁成小块从上到下拼起来，会发现这完全可以当做店铺页面，或者宝贝描述页面，从上到下，会觉得很整齐，很有统一感！

图 2-6 飞利浦的宣传册

这个传统的宣传册的版式有规范的地方，也有发散的地方，有框架支撑，形散而神不散。当把这些画面的版式从上到下排列起来时，它就是一个非常有品牌感的宝贝描述，非常统一，非常有调性。

这样来看，版面设计是不是就没有那么难了？

接下来就用三把刀来整理和规范我们的视觉。

第一把刀：主元素统一

主元素唯一是非常关键的！

想要突出你的品牌，让消费者记得住，你所要传递的信息务必简单、直接！让客户进入店铺的那一瞬间，能够让你的品牌影响到它，那么你就成功一半了！比如说你的 Logo、你所营造的氛围，或者说客户被你店铺的那种核心价值打动了，只要有一点打动了客户，你就成功一半了，他就会记住你！

品牌三要素不一定全有，找出你最擅长和最适合的一个，呈现在店铺中，并不断地出现或应用，让消费者产生重复记忆。

第二把刀：主色调唯一

我们把品牌主色调延展到所有的视觉领域，做到主色调唯一。主色调唯一绝对可以弥补店铺里商品的混乱，以及你所要体现的东西过多带来的错乱感。

色彩怎么选择？色彩首先要适合品牌个性或者行业特征。网上有行业色彩图，如图 2-7 所示。

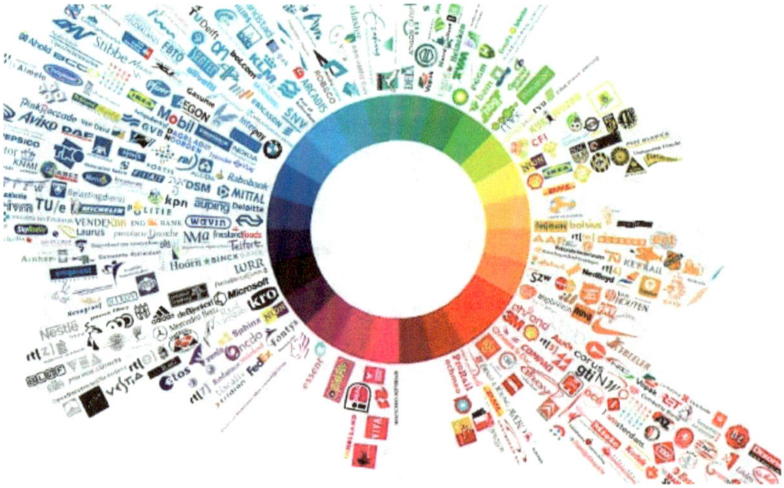

图 2-7　行业色彩图

对于这个行业色彩图，仁者见仁，智者见智！设计选色是没有标准的，从这里面去找符合自己行业特色的色彩，然后加以应用。

但是有的设计师可能不认同这个行业色彩图，因为色彩是最好玩儿的。可是你要知道，一旦有悖于大众对行业的认知，就要花很大的代价让人们去接受。

当你不按常理去做事情的时候，你也许能够获得很快乐的创作激情，但是你一定会花很多的精力、很多的资金，才能让人们认知你的色彩体系！

第三把刀：主体布局唯一

为什么有些店铺打开之后，会觉得很乱？

因为对所有产品的展现太随意化了。页面上的每一个模块都是由不同的设计师做的，又没有一个标准的版式要求，这个设计师按照自己的理念和感觉做了一个模块，那个设计师又做了一个模块，然后把东西拼在一起就会显得格格不入，而店铺视觉问题往往就出现在这里。

一种固定的页面布局，能够减少产品差异带来的画面错乱感，并且能够有效地约束设计师的毫无边际的思维。

要找到第三把刀，我们就要拿着第一把刀和第二把刀来制定标准，这个标准就是我们通常所说的 VI 体系！

2.4 制定 VI 标准体系

通常电商的视觉体系是围绕着店铺页面来制定的，其中包含的分类如图 2-8 所示。

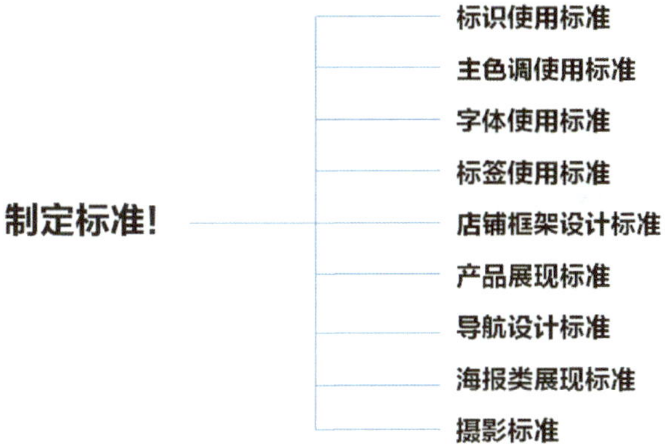

图 2-8　标准分类

标识使用标准

确定标识（Logo）的组合方式、展示标准以及色彩应用标准，目的在于避免设计师在设计过程中私自拆分篡改 Logo 的形态，造成视觉传达障碍（见图 2-9）。

图 2-9　Logo 使用标准

主色调使用标准

规范主体色调的统一性，是做好品牌视觉调性的第一步。如图 2-10 所示为某店铺的色调标准。

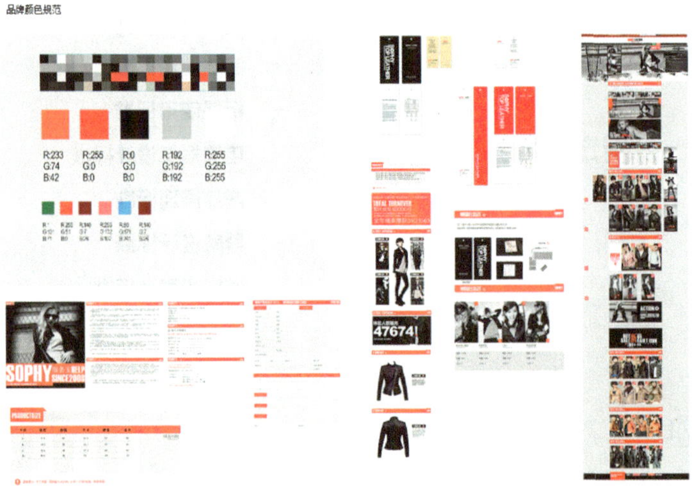

图 2-10　店铺色调标准

字体使用标准

字体的统一与规范，更能带来品牌的视觉冲击（见图 2-11）。

- 店铺设计字体：Haettenschweiler
- 字体颜色：红色、白色、黑色、灰色
- 字体大小：
  广告标语，55；间距：–10
  标签应用：30；间距：–10
- 店铺设计字体：方正超粗黑简体
- 字体颜色：红色、白色、黑色、灰色
- 字体大小：广告标语，22；间距：–10；行距：22

- 店铺设计字体：黑体
- 字体颜色：红色、白色、黑色、灰色
- 字体大小：广告标语，22；间距，–10；行距，22
- 店铺设计字体：方正中等线_GBK；字体颜色：红色、白色、黑色、灰色
- 字体大小：广告内注释，30；间距，200；行距，30
- 店铺设计字体：Arial；字体颜色：红色、白色、黑色、灰色
- 字体大小：广告内注释，8.24；间距：200；行距：9

图 2–11　字体的统一与规范

标签使用标准

标签！一个看似不重要，但是又随处可见的东西，如果不加以管制，就能变成品牌视觉的杀手。如图 2-12 所示是一个规范的标签使用方法。

- 店铺内所有标签均使用正方形标注
- 正方形大小：48mm*48mm
- 颜色：R，232；G，74；B，42
- 字体：Haettenschweiler；大小：30；间距：–10

图 2–12　规范的标签使用方法

店铺框架设计标准

电商品牌展现的就是店铺，而店铺的框架就犹如房子的钢结构一样重要，支撑着消费者对品牌的一切需求，店铺的框架设计也应该有标准（见图 2-13）。

图 2-13　店铺框架

框架设计&陈列原则如下：

（1）使客户及时、准确地找到喜欢的商品，不在店铺内迷失。

（2）使客户及时、准确地找到商家想推广的商品，提升转化率。

（3）根据自己的供应链体系合理地陈列宝贝，防止出现超卖或滞销现象。

（4）配合自身的营销战略合理地陈列宝贝。

导航设计标准

统一的导航标准，就像一个五星级酒店的引导标志，清晰、有效而又温馨近人（见图 2-14）。

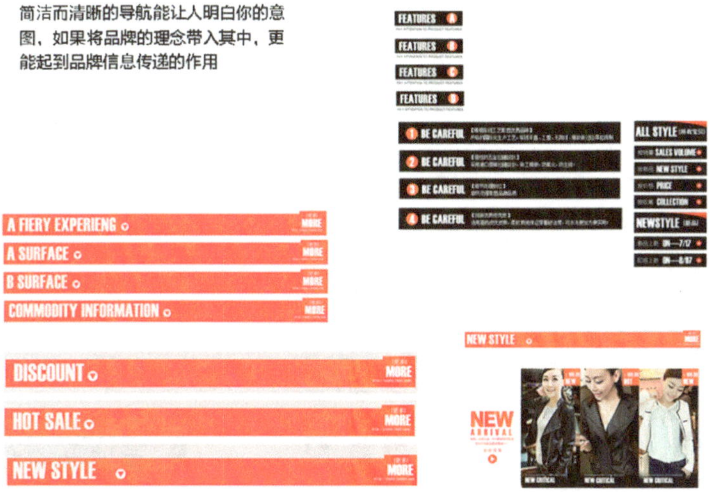

图 2-14　统一的导航标准

海报类展现标准

促销信息、海报、品牌宣传信息等展现时，统一的规范能够引起消费者对品牌的重复性记忆和联想（见图 2-15）。

图 2-15　规范的海报展现

产品展现标准

产品展现标准就是常说的宝贝描述模板（见图 2-16）。

图 2–16　宝贝描述模板

摄影标准

整齐一致的拍摄方式或风格可以轻易地打造出店铺的品牌形象，杂乱无章的产品图片拼凑出来的店面，永远只是个卖货的！图 2-17 和图 2-18 分别体现出阿芙精油和新农哥统一的拍摄风格。

图 2–17　阿芙精油统一的拍摄风格

图 2-18　新农哥统一的拍摄风格

规划完以上的所有内容之后，我们要不停地做减法，要在每一个视觉范围内传递的要素尽可能只有一个！

对于所有想说的话、想表达的想法、想呈现的信息，你都必须记住：表现得越少记得越清晰，所有的感动要发生在看到你第一眼时，即所谓的一见钟情。

用心找到属于自己品牌的三要素，然后用三把刀规范视觉展示体系，把最富感染力的元素作为传递品牌信息的核心不断加强，在买家浏览时会潜移默化地受到影响，并且记住你。

这就是通过视觉塑造品牌的方法。

第 3 章

好品牌，从文案开始

如何写好文案？首先你要知道自己到底是谁，比如裂帛的文案不可以写出七格格的范儿，小狗电器的文案和西门子的风格绝对不同。一个好文案，是一个品牌的发言人——首先要了解这个品牌的“调”，才能写出它的“范儿”。

文案包括：品牌文案、产品文案、营销文案、主题文案和读心文案（见图 3-1）。

图 3-1　文案

3.1　品牌文案

品牌就像一个人一样，有自己的性格，而文案就是品牌说话的语气，它可以让品牌形象很清晰地展现在别人面前。比如，我们有个叫老兵的老师，是行业最知名的讲师之一，他讲课的时候不是在讲，而完全是在咆哮！他在 5 楼讲课，4 楼电梯口都能听到他的声音。而且他的口头禅是，“同志们，今天我们要打仗啊！”他的谈吐举止，都很符合老兵这个品牌调性。老兵这个品牌非常深入人心，让人记忆深刻。通过文案，他的品牌调性出来了。

品牌文案就是这样，它可以将品牌调性通过文案完美地表达出来。

下面我们来看几个品牌文案的案例。

宝马品牌的文案，如图 3-2 所示。

宝马的文案用的都是一些大气的词汇，这些词汇只有在房地产广告和地产广告中可以见到。

这些文案说好，是因为与品牌调性强烈吻合。试想一下，如果这些文案用在奥拓身上，会好吗？

不好！那奥拓能不能写出好品牌文案呢？当然可以，比如说“我的事业，从奥拓起步！”

“我用奥拓的勤奋，拼搏奥迪的人生！”给奥拓赋予一丝励志的调性，在都市生活的蚁族年轻人会被这种精神所打动。

图 3-2 宝马的文案

同样是宝马旗下的品牌，MINI 的品牌调性是个性而叛逆的英伦摇滚文化。它的品牌文案应该怎样写呢？我们看下面的 MINI 品牌文案。

如图 3-3 所示，MINI 的文案比较有“痞味”。

图 3-3 MINI 的文案

- 用不着打肉毒杆菌，偶尔打打蜡就行。（讲外形）
- 没有羊胎素，只有肾上腺素。（讲速度）
- 我不喂蚊子，谁喂？（敞篷车）
- 树叶，我胸膛的勋章！（敞篷车）
- 干扰他人视线，我负主要形式责任。（讲个性）
- 我承认，我的车顶并不清白。（车顶可以自由定制）

这些文案正好符合它叛逆的品牌个性。

不同品牌的定位，决定了品牌文案的不同，而品牌文案其实是目标受众语言的映射。

比如宝马，越高级的车，文案越有文化气息，就像有钱人喜欢玩古董、艺术品之类有品味的东西一样。

而买 MINI 的人，就是特立独行的都市精英，他们喜欢诙谐幽默的语言。为了讨他们喜欢，MINI 也开始用调侃的方式说话。

再看看红星二锅头的文案，如图 3-4 所示。

图 3-4　红星二锅头的文案

红星二锅头的文案是“将所有一言难尽一饮而尽”、“用子弹放倒敌人，用二锅头放倒兄弟”，相当符合喝二锅头人的“豪气”、“烈性”。二锅头是卖给谁的？基本都是都市底层的那拨人，他们最爱在大排档光着膀子，一口吃着大肉，一边喝着大酒，聊着那些“豪迈”的事。所以，二锅头的文案讲的是“一瓶酒，更是一种烙印”。

下面是国外一个著名的男士香薰品牌——斧牌香水，讲的是男人只要一喷上这个香水，马上会吸引女人。这样一个“坏男人”的形象，进入中国后，首先选用了陈冠希作为代言人来吸引眼球。下面几篇品牌文案，更是写得暗露裸骨（见图 3-5）。

- 好撩人的香味，我的心跳起舞了，带我摇摆吧！
- 好成熟的味道，你一定很爱阅读，好想被你翻来翻去！
- 闻着好 MAN，你一定是运动高手，真想和你一起 1，2，1，2！

图 3-5 某男士香薰品牌文案

因为它的受众就是那些有着幻想的男孩们，让他们认为女人会被这种“男人味“吸引。

看到这儿，很多人会说：这个文案好难啊，怎么能写出目标受众心里想听的那句话呢？

如果完全不知道怎么能写出目标受众心里想听的话，那么还有一种简单的技巧，可以很快地让文案具备品牌调性。

很多人不知道，企业形象也就是 VI 的诞生，是因为企业对外的视觉越来越多、越来越杂，需要统一的一套视觉规则。而文案其实也可以有 VI，只要保持住，时间长了也可以形成鲜明的品牌记忆。

你可以先从一个文案的句式上保持统一，比如，妙创意（一家品牌设计公司）为三彩（如图 3-6 所示）写的一些文案。

图 3-6　三彩首页

- 毛呢大衣

办公室里的优雅时尚延伸台……

贴身毛呢，享“瘦”温暖。

- 毛衫

与知性相约在这个冬季……

气质毛衫，针“织”慧心。

- 羽绒服

轻盈地走在洒满落叶的街道……

浪漫气质，优雅“绒”现。

- 裤装

当她轻轻地转身……

轻熟携带，修身裤“装”。

- 裙装

一种安静的美丽气息……

轻盈裙摆，“摇”曳心情。

- 预热

一种比爱还危机的勾引……

更多折扣，“惠”享生活。

文案采用了同样的句式、字数和双关语。

一些大品牌的广告，大多应用同样的句式，这样很容易形成一种“体”，就像著名的凡客体、陈欧体、加多宝体等。这样，长期坚持就会形成记忆度。

当然，还有一种很简单的做法。我们都知道人是有口头禅的，其实品牌也可以有口头禅。

比如，我之前看过一个店，可能是店主的口头禅吧，他总是用：“哥们，我跟你说…”作为开头来写宝贝详情页。这形成了一种风格，他卖游戏设备，让我觉得很亲切、很真实。

再比如，妙创意正在策划的 SZ 女装，因为英文是 SHEZ，我们就把文案翻译为“她，风格”。而所有的地方都只出现一种句式——“她，写真”、“她，搭配”、“她，诠释”、“她，自语”等，如图 3-7 所示。

图 3-7　SZ 的文案

我们都知道裂帛的文案让人看不懂，所以它有了文艺禅范儿；LUNA 的文案里经常出现 TMD，所以被誉为互联网上最具攻击性的女装。

你的品牌文案，应该是个什么调？

努力去找吧！

3.2 营销文案

营销文案的核心原则就是——简练。说 1 ~ 2 个点就不错了，千万不要贪，什么都想说，消费者就什么也记不住。

举个简单的例子。怕上火喝什么？喝加多宝。那什么时间喝启力。亲，我知道：喝启力，添动力。为什么大家都能记住这句话，而记不住那一堆喝启力的时刻？因为它不够简练！

卖点营销文案

卖点营销文案，就是用产品卖点来吸引消费者。目标客户阅读文案后，立刻能找到购买这个产品的理由。卖点营销文案一定要在两句话内说清楚。下面是妙创意公司为客户设计的效果很好的一些文案（见图 3-8）。它们都有一个共同点，就是单一卖点。

- 花一样的钱，买更多的黄金。
- 这个戒指为你节省 5000 人民币。
- 十年顽痘，一涂即掉。
- 亲，忘掉邮费吧，它已经被包了。
- 直达价格，不为中间环节买单。

图 3-8　这些卖点营销文案，都是用一两句话强调购买理由

痛点营销文案

痛点营销讲的不是你买了这个产品之后会怎样，而是你不买会怎样！换位思考，把自己变成消费者。比如做一个祛痘产品的痛点营销文案，你要想到，约会时总想找点什么东西挡住脸；即使穿得再高贵，那一脸的痘痘也难以示人。于是，就有了下面的创意（如图 3-9 所示）。

图 3-9　痛点营销文案

再看看下面这些痛点营销文案，包括妙创意公司的宣传海报，都是以痛点营销文案为主的电商招贴（如图 3-10 所示）。

- 装修一人一意见？不如来妙创意聊聊。
- 品牌会开一整天？不如来妙创意聊聊。
- 宝贝卖点怎么找？不如来妙创意聊聊。
- 商城购买一个包，为什么房租\装修\商场广告等都要你来买单？这不是“时尚”打劫么？？？

图 3-10　痛点营销文案

痛点营销文案要吸引人，主要得起到引发兴趣的作用，用痛点去引导用户点击阅读，了解更详细的产品资料，并爱上这个产品。在卖点文案泛滥的淘宝网，一两句有趣的痛点营销文案会一下子跳出来。

特别是淘宝同质化这么严重，很多东西几乎找不出特别的卖点。

比如，妙创意公司帮珂兰钻石的一款性价比很高的项链做钻展，但是这款项链跟其他很多家没有什么区别。

后来，在团队的头脑风暴下，想出了这样一个痛点——因为这款项链有钱的人是不会买的，而没钱的人买又可能有点心疼。

针对这样一群 20 多岁、购买力不是特别强的受众，其实可以从她们的生活出发想痛点。

这群人为了生活往往会放弃很多奢侈的享受，比如不会买大牌的包包，不会买纯金的项链，而是为了好看买一些精品店里的项链。

而作为她们的男人，如果不能给自己的女人买一件稍微昂贵点的首饰，是不是很丢面子、很痛。

于是，最后的文案就是——“别让你女人的青春，只佩戴 1-2 百块的假首饰。”

促销营销文案

促销营销文案要有冲击力，要有紧迫感，可以从以下几个方面着手。

- 文字要大！
- 抢眼！
- 看着刺激！
- 抓眼球！
- 超值感！
- 真划算！
- 紧张啊！

渲染超值的感觉，注意不要叫卖。

下面是一些促销型文案案例（如图 3-11 所示）。

图 3-11　促销型文案

- 直通国际金价，再次回到双 11。
- 珂兰金条，开团啦！转手就赚！
- 新品 99 元，超低价，限量发售。
- GOD！什么！曲美的大转角沙发，只要 2 千多，疯了吧！
- 11.11 最大惊喜，没有之一。
- 谁说高档沙发都要上万？￥3749
- 别打了！双 11 提前卖！全部商品限量出售。

促销型文案，字一定要大！字数一定要少！不然，促销和活动的感觉出不来。

另外，可以用一些有趣的创意来表达，否则在价格战很猛的淘宝，你很容易被别人更低的折扣打倒。

活动营销文案

活动是电商做品牌和销售最依赖的武器。但是很多商家很努力地去想活动创意，但效果不好，为什么？

因为很多人就是想得太多。

电商时代是一个快速阅读的时代，用户看活动信息往往就是几秒、几十秒的时间。如果不能在很短的时间内打动她、吸引她，而是盲目地复杂化活动的规则、活动的参与方式，那么越高的活动门槛，只会丧失越多的用户。

请记住：一定用最简单的话将活动说清楚。不要把活动搞得很复杂，消费者会疯掉的。

下面是一些妙创意公司操作不错的活动型文案案例（如图 3-12 所示）。

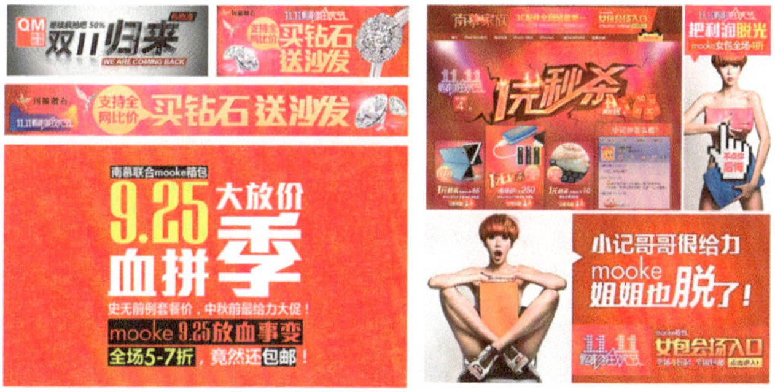

图 3-12　活动型文案

总结：不能用一句话表达的活动，不是好活动。

3.3 产品文案

产品文案，是说服消费者购买的过程。

对于电商，最重要的就是产品文案，因为它其实就是在线销售。

与其说消费者是为你的产品买单，不如说是为你的产品文案而买单。

不管什么产品，消费者的购买体验都是一样的。一般产品文案的行文逻辑如下。

- 吸引注意（**你很傻**）
- 引发兴趣（**有个东西很牛**）
- 刺激欲望（**到底有多牛**）
- 打消顾虑（**放心买吧**）
- 加速决断（**赶紧买吧**）

功能性产品文案

吸引注意，见图 3-13（你以前很傻）。

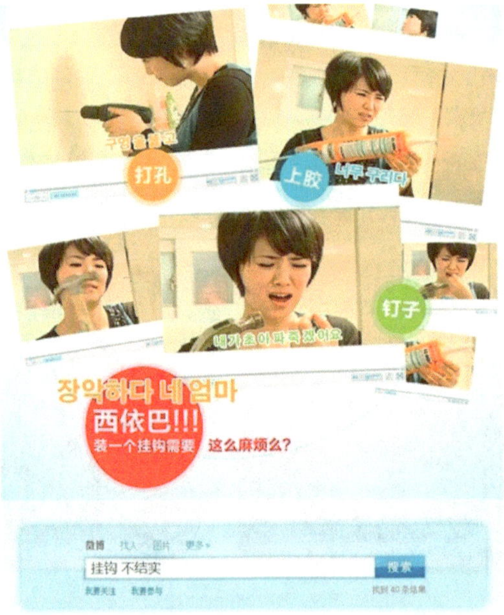

图 3-13 吸引注意（你以前很傻）

吸引注意，见图 3-14（你在超市买很傻）。

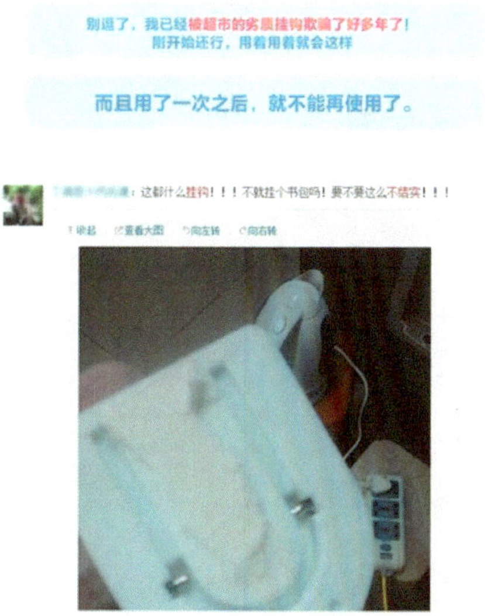

图 3-14　吸引注意（你在超市买很傻）

引发兴趣，见图 3-15（有个东西很牛）。

图 3-15　引发兴趣（有个东西很牛）

刺激欲望，见图 3-16（有多牛）。

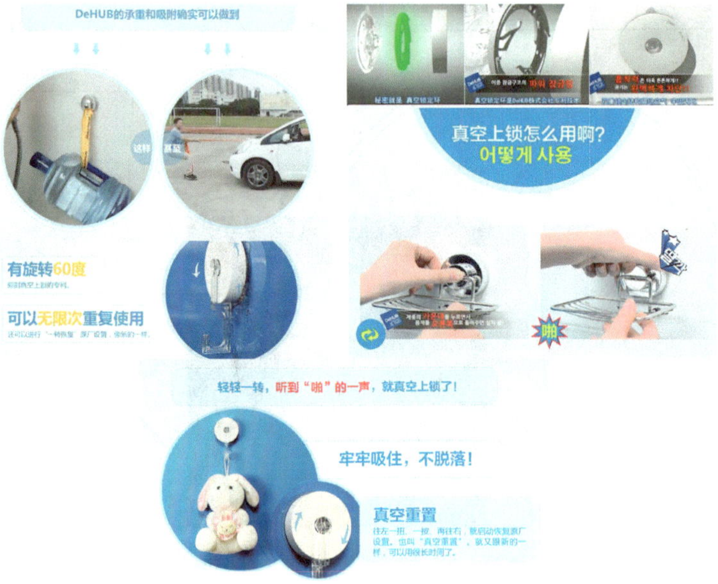

图 3-16　刺激欲望（有多牛）

宝贝展示，见图 3-17。

图 3-17　宝贝展示

打消顾虑，见图 3-18。

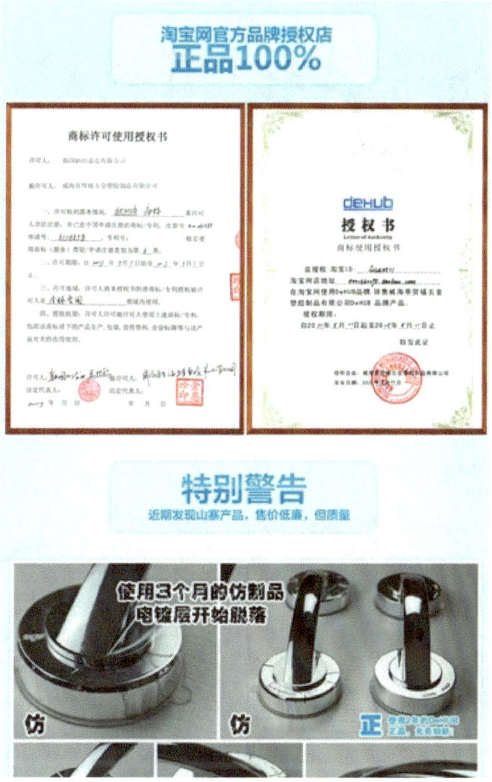

图 3-18　打消顾虑

加速决断，见图 3-19。

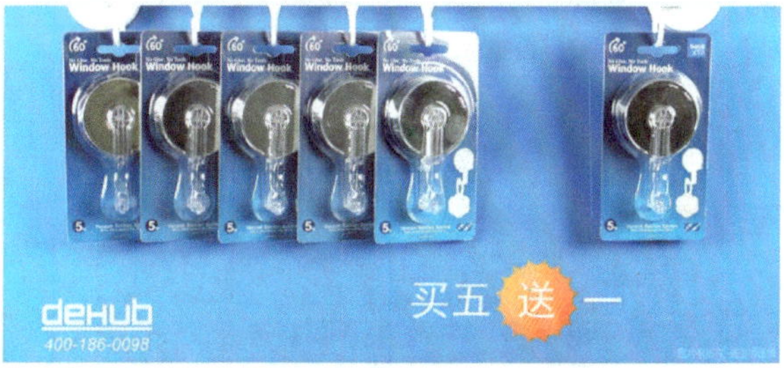

图 3-19　加速决断

化妆品文案

吸引注意，见图 3-20（你以前很傻）。

图 3-20　吸引注意（你以前很傻）

引发兴趣，见图 3-21（有个东西很牛）。

图 3-21　引发兴趣（有个东西很牛）

刺激欲望，见图 3-22（有多牛）。

图 3-22　刺激欲望（有多牛）

打消顾虑，见图 3-23。

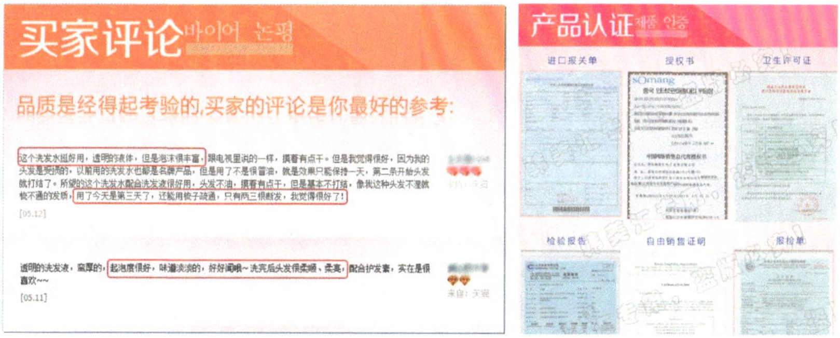

图 3-23　打消顾虑

时尚类文案

时尚类文案，根据词来定义，比如我今天搜索了 “男 夏季薄 牛仔裤”，点进去之后看到一款卖得不错的产品（见图 3-24）。

图 3-24　搜索“男 夏季薄 牛仔裤”的结果

此店一上来就讲这条牛仔裤很凉爽。为什么？因为夏天到了，这个群体的大部分人要换条薄的牛仔裤。要让他们一进来就看到，这是自己想要的东西！

这是时尚类文案最该注意的。还有一些独特的售卖方式，可以看一下 LUNA 的宝贝详情页。

我理解的时尚类文案，首先是吸引眼球 + 解决需求。如果消费者想买一件免烫的衬衫，那么不管你怎么卖衣服的剪裁和工艺，消费者也不会关注。所以，在做宝贝页之前，要先想想词性。当然，卖其他任何产品也都是这样。

淘宝首先是一个庞大的购物搜索引擎。你要做的，就是把消费者需要的东西很好地推送给他们。这样，你才能成为转化率的王者！

吸引了眼球以及解决了需求之后，就是故事刺激了。比如，这件衣服在哪个杂志上出现过？有没有名人穿过？时尚趋势是什么？设计师对这件衣服的理念如何？等等，就是一些感性的购物刺激。我曾经给曲美家具策划过一款沙发叫妙途，就是说沙发的设计源自世界各个知名的地区，比如爱琴海之蓝、北海道的雪等，特别卖座。为什么？因为女人爱这些概念（见图 3-25、图 3-26、图 3-27）。

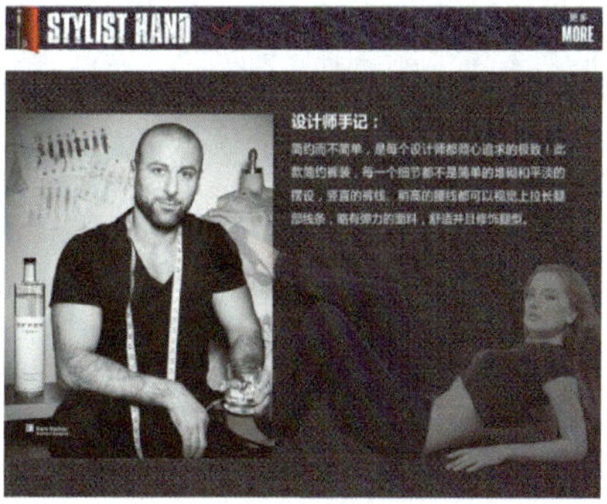

图 3-25　设计师的故事刺激

图 3-26　国外杂志故事刺激

图 3-27　设计理念故事刺激

接下来是大量的多情景化的产品展示，细节图越全面越多越好。

比如女包的爆款详情页，可能不仅仅要有实物图，还要有场景图、模特图、棚拍图，甚至有夜晚看起来如何、搭配 OL 装上班如何、在室内室外光线下如何、买家实际用的样子又如何等信息。

如果你把这些都做到了，转化率怎么可能低呢？

最后是给出一些能快速做出决断的东西，就 OK 了（见图 3-28）。

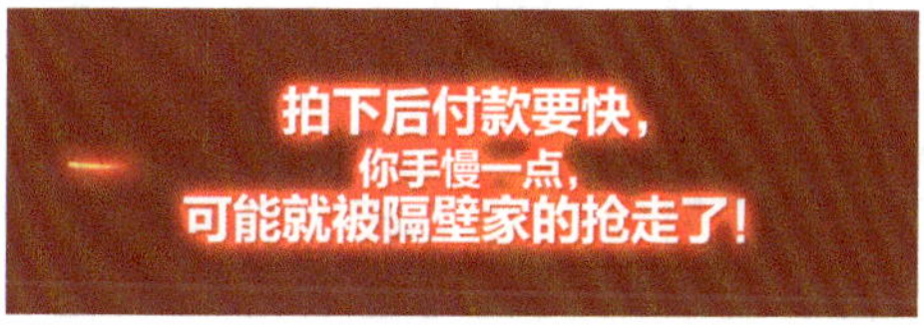

图 3-28　能让买家快速做出决断

3.4 活动文案

活动是对品牌的感知。一定要记住，活动文案要让这个活动表达什么?

- 是要提升转化率吗?（钻展点击进来）
- 是要教育用户吗?
- 是要提升品牌好感吗?

举一个简单的例子。2012 年双 11 时曲美家具的预热，因为当时妙创意团队发现曲美家具的双 11 价格要比其他所有的竞争对手要高很多，妙创意希望用一个活动来让消费者觉得——曲美“贵得有理，贵得值得!”（见图 3-29）。

图 3-29　曲美的活动文案

再举一个例子。在妙创意团队为 ito 策划品牌时，我们和客户一直在想如何颠覆拉杆箱的使用习惯。因为 ito 主要做的是 pc 拉杆箱，于是我们塑造了一个拉杆箱的进化论，讲述在当代 pc 拉杆箱才是主流（见图 3-30）。

图 3-30　ito 的活动文案

活动文案是电商文案中最要命的，因为对于纯的电商品牌，真正能做到消费者搜索进入占比大的能有多少？大部分都是通过爆款流量进来的，或者是通过活动资源位或钻展等进来的。这样，活动页面就堪比首页，所以一定要想好，什么人会进来？他们想看到什么？

如果你分析到，进来的是聚划算人群，那么你在活动页讲什么概念都是没用的，他们需要看到真的很便宜。比如，你卖胶原蛋白，如果你分析到进来的大部分是护肤人群，那么你就得告诉她们为什么要买胶原蛋白，胶原蛋白跟传统护肤品有什么分别；如果你分析到进来的只是想买胶原蛋白的人，那么你就告诉她为什么你们家的比别人家的好，好在哪就行了。

3.5 读心文案

淘宝其实是一个购物搜索引擎，把定位不同的产品推送给需要它的人。其实你要做的就是——读消费者的心。

举一个例子。前两天我在淘宝搜一个床垫，使用的关键词是“床垫 硬棕 5cm”（见图 3-31）。

图 3-31 淘宝搜索

从这个关键词能看出我的需求是怎样的吗？

（1）硬棕，棕垫比较硬，适合老人、孕妇，还有睡不惯软床的人。棕垫环保。

（2）5cm，很薄的床垫要放在地上睡，或者要做榻榻米用，或者要放在一个软床垫上用。

其实，是可以分析出搜索这个关键词的用户需求的，要写文案必须根据用户需求来写。比如，睡不惯软床吧？骨头都酥了。试试硬棕吧！越睡越健康！又比如，5cm 轻松放置，用或不用，收纳极度方便。不管你是租房，还是放在地上做榻榻米，都是极佳选择！

再比如，如果你以前有一个床垫，太软了，但是不想扔，你可以把它加盖到旧床垫上。

这其实就是在读心，你读出来了用户需求，就把能解决用户需求的文案写在详情页里就好了。

但是，我搜这个很定向的关键词时，却发现很少有宝贝页能把“心”读出来。

再举一个例子。用户是搜全效眼霜进来的，你一定要分析到这群用户是很贪的，她们可能想一瓶眼霜解决黑眼圈、细纹、眼袋等各种问题。那么，你怎么写详情页？你肯定要满足她们，告诉她们这是史上最强效的眼霜，没有之一，一瓶搞定所有问题，里面含有的不同成分对不同的问题有解决作用！这样的话，才能让亲觉得，买你的，没错的！

而且，关联销售也自然而然地出来了。她们很贪，那么你也推送一些强效和多功能的产品。比如，可以遮瑕还能美白的 BB 霜，补水还能防止痘痘产生的精华素等。

因为，你知道了她们是谁，她们的心态，她们还想要什么。所以，在写卖点文案、写痛点文案、写任何文案之前，先读读消费者的心！

第 4 章

产品视觉

4.1 影响转化率的因素到底有哪些

我们先来了解一下转化率的概念。简单来说，店铺转化率就是成交笔数和浏览人数的比值。我们可以这样来理解：来到店铺，产生购买行为的几率。转化率越高，说明购买几率越大。如果你的店铺有足够高的转化率，那么店铺流量越大，即成交笔数越多，生意也就越好。

既然转化率作为店铺重要的衡量指标，那么转化率是怎么计算得到的?

整店转化率=访客数/订单数

转化率还分为：询单转化率、静默转化率、整店转化率、单品转化率、日转化率等。

这么多种转化率，那么影响转化率的因素到底有哪些呢？看来影响转化率的因素有很多。

目标转化

（1）销售记录：零成交记录，我不敢做第一。

首页或分类页的促销放还没有成交的新品，是极其错误的。

（2）浏览速度：等了半天图片还显示不出来。

由于图片没有做好优化，或者切片不合理，导致图片打开速度太慢，这样会影响客户的心情。

（3）付款方式：支付宝、信用卡、货到付款。

提供多种付款方式，以方便不同类型的顾客购买。

（4）分类导航：装修得挺 fashion，找了半天找不到我要的宝贝。

分类导航应该站在消费者立场考虑，如何让买家尽快找到自己想要的东西。

（5）店铺首页：首页乱七八糟，实在没有心情看下去。

首页布局应该把主推的宝贝放在上面，而且每屏都应该有重点。

（6）促销活动：活动不少，都是浮云，不给力。

店内促销活动的原则是小范围大力度，而不能大范围小力度，比如说拿一两件宝贝做类似于 5 折的大力促销，而不要将全店做 9 折的活动。

（7）产品主图：喜欢看细节图，只有一张图。

充分利用 5 张主图，尽可能多角度地展示产品卖点。

（8）购买评价：评价不错，可是别人的评价也不错，并且价格比你的便宜；价这么坑爹，相信群众的眼光。

维护好评价，特别是爆款宝贝的评价，非常关键！

（9）宝贝说明：

- 视频介绍——看到长篇大论就烦，能否给三分钟的视频呢？
- 产品属性——产品属性不详细，我要买 5L 的压力锅，你这里怎么都是 4L 的呢？
- 产品文字——怎么全是专业术语？看不懂，能否用图说话？
- 服务承诺——7 天包退，15 天包换，30 天免费维修，这回没有顾虑了。
- 产品卖点——产品卖点不突出，没有挖掘产品的价值链和买家痛点。
- 关联销售——这个产品我不感兴趣，怎么不点其他产品让我看看呢？

付款转化

（1）卖家原因：

- 库存预警——怎么到我的时候就没有货了？库存告急。
- 催付频繁——买个东西，一天收到 N 次付款提醒，烦不烦？

（2）买家原因：

- 支付问题——未开通网银，银行卡余额不足，密码忘记。
- 忘记付款——货怎么还没有到，未支付？当时忘付钱了。
- 感性消费——仔细想了想，不适合我，朋友也都这么说。
- 交易关闭——误操作，不要了。

咨询转化

（1）购物体验：

- 服务态度——你心情不好，拿我当出气筒，我买的不是气。
- 回复速度——问一句有没有货，三分钟才回复我。
- 专业知识——操作步骤，使用方法，一问三不知。
- 议价能力——不就包邮吗，又不是白送，零头抹了，OK。
- 售后保障——快递单只要签字了，责任就是我的，有几个快递让我先验货啊？
- 有效回复——问 5 句，回 1 句，怎么回事啊？
- 推荐能力——你有没有其他产品，客服又不推荐，我怎么多买呢？
- 购物承诺——买时 599 元，刚收到货特价 499 元，还不退我钱，我退货重新买不行啊？
- 产品价格——同款宝贝别人 199 元，你卖 219 元。

- 增值服务——送朋友的生日礼物，写个祝福卡行不?
- 标准口径——客服 A 和客服 B 说的不一样，我听谁的?

（2）工作时间：只有中午才有时间买东西，掌柜也午休了。

（3）合作物流：我这里就顺丰送货上楼，其他不支持，不发顺丰我不买了。

（4）发货时间：下午付款后，明天才能发货。

（5）400 电话：电话都不告诉，怕重罚，别人怎么都有 400 电话呢?

浏览转化

（1）标题：没有吸引力，一扫而过，我才不点击。

（2）最近成交：按销量排序，发现很多比你热销的，去他们那里看看。

（3）是否包邮：别人的包邮还送礼品，凭什么买你的?

（4）所在地：邮过来要好几天，明天我急要，还是找周边的商家吧。

（5）旺旺在线状态：23:30 去买你的东西，掌柜在吗?

（6）主图：图片太难看。

（7）购物保障：退换货不支持，坏了不管，我再去其他家看看，万一有问题怎么办?

（8）标价：价格太贵，不如去实体店里买。

（9）店铺类别：商城购物还有积分送，价格差不多，当然首选商城.

（10）搜索排名：搜索不到你的产品，怎么点击?

以上是影响转化率的因素，如果把这些因素都考虑全，将关系到整个店铺的运营，这里我只考虑页面相关因素。

接下来我们开始讨论产品视觉相关的内容。

4.2 产品视觉及优化

店铺装修的核心就是解决好人、店、货的关系，人就是客户，货就是商品，店就是将货合理地呈现给客户。只要进入店铺的客户是精准客户，产品视觉就是让买家看到他想要的产品，改变他的态度，从而产生购买行为。在页面转化方面我不再考虑客户定位的因素，我认为目前进入店铺的客户都是准客户。

那么，如何规划好购物路径，将是店铺装修布局的核心内容。

店铺数据指标的分析

第一步：通过量子恒道可以看到自己店铺的整店转化率，可以看到官方给店铺的诊断结果——亲，与同行相比，您的转化率偏低！（见图 4-1）

图 4-1 淘宝诊断意见

诊断意见：可先分析店铺 3～5 个爆款宝贝的详细情况，进而优化宝贝详情页，增加细节图等，也可询问已购买客户对页面的建议，然后再做改进！客服方面，做好专业知识培训，提升客单价！

为什么只有 3～5 个爆款宝贝？

因为在任何一个店铺里面，不论什么时候卖得好的产品也就只有 3～5 款，其他的产品可能卖得不怎么好，甚至没有成交，所以做店铺布局时要把握好“隐恶扬善”的原则，也就是把好卖的宝贝尽可能多曝光，让卖得不好的宝贝尽量少曝光或不曝光。这样可以给客户一种很热闹、热销的感觉。

我们一定要让热销的产品更热销，这样才能在自然搜索排名中靠前，争取更多的免费流量！

购物路径将围绕这 3～5 个爆款宝贝展开。

第二步：通过后台量子恒道查看热销宝贝排行（见图 4-2），找到 3～5 个 UV 价值高的产品。这里要澄清一个问题，上面淘宝官方给出的意见是爆款宝贝，而这里却说是 UV 价值高的产品，到底哪个正确？

图 4-2 通过量子恒道找 UV 价值高的产品

UV 价值=客单价×转化率。

UV 价值高的产品也就是销量和利润率都高的产品，店铺通过一些方式引流进来后，你是想卖 UV 价值高还是 UV 价值低的产品呢？我想每个卖家都应该想卖 UV 价值高的产品！然而，爆款一定是 UV 价值高的产品吗？

不一定！很多刚刚起步的卖家的爆款是不赚钱的，甚至是亏钱的，他们把这个叫做战略性赔款！我不建议这样做，这样做会损人不利己，不仅会使这个行业陷入一种恶性竞争中，而且这种款打爆后将成为引流款。通过低价引入的客户，肯定是一些贪便宜的客户，高价产品他们会不感兴趣，同时店铺也可能陷入一个新的囧境，客单价一提高就没有人买，客单价太低又没有利润，没有利润就没有精力做更好的服务，没有好的服务就没有好的客户体验，没有好的客户体验，就会使店铺的评分越来越低，这就是恶性循环。

所以，建议这种损人不利己的事不要做，害人害己！

那如何才能卖出比较高的客单价呢？这个在后面会详细讲解。

第三步：围绕 3～5 个 UV 价值高的产品，进行店铺布局。

4.3 店铺首页装修因素

首页需要关注的指标

（1）PV（访问量）、UV（访客量）占比：20%左右正常。

首页 PV 和 UV 占总流量的比例过高，说明什么问题？我曾经看过一个店铺，首页 PV 和 UV 占总流量的 70%，说明老客户比较多，只有老客户才会直接访问首页。那新客户呢？如果都做老客户生意，没有新客户，这样生意好做吗？不好做，事实也是这样的，掌柜的跟我说，现在店铺最大的问题是没有新客户，老客户也在慢慢流失！这是肯定的，没有新鲜血液，生意肯定就像一潭死水，如果没有新水进来，那么这潭水就会臭掉！

如果这个占比过低会是什么情况呢？比如 5%～6%，一般是 80%的访客会直接进入单品页面，进入单品页面后有两种情况：一种是直接买了；另一种是跳失了。没有去首页，那说明整个店铺的路径很乱，也说明你的活动不吸引人，客户就没有去首页看的欲望。所以说占比过高和过低都不是很好，20%左右才是正常的！

（2）跳失率：50%以下。

跳失率指从该页进，从该页出，这个值当然是越低越好！

（3）出店率：50%左右。

出店率指从其他页进，从该页出，这个值也是越低越好！

（4）首页到宝贝页、分类页的点击率。

这个数据很关键，它直接反映出首页的推荐宝贝或推荐分类是否合理，是检查购物路径是否合理的重要指标。

首页到宝贝页的点击率，如果首页第一屏放的宝贝的点击率反而比下面那些宝贝的点击率低，则说明你首屏推荐的宝贝和客户想要的不一致！

首页到分类页的点击率，在整个店铺里面，哪些分类是卖得比较好的，哪些是你想要重点推的类目，应该突出显示，让它的点击率最高！

高转化率首页布局

这里我将通过一个店铺改版前后的对比讲解如何布局店铺首页。

店招

店招是整个店铺里面曝光量最大的一个板块，不管从哪个流量入口进来，都会看到店招，所以说这一块的东西非常重要！

店招至少要突出品牌和产品定位，让人一看就知道你的店名是什么，卖什么产品。

良品铺子改版前的店招，如图 4-3 所示。

图 4-3　良品铺子改版前的店招

从主观视觉上分析（没有看数据，根据经验主观判断），这个店招存在以下问题。

- 品牌定位明确，产品定位不明确。
- 店招中干扰元素太多
- 自己的特点可以在店招中显现“让嘴巴去旅行”。

店招热力图分析，如图 4-4 所示。

图 4-4　用装修热力图分析店招

用装修热力图看这个店招存在以下问题。

- 点击很凌乱。
- 左右两边的减号点击很多，说明用户不喜欢这种漂浮的侧栏，在改版时要将这个功能取消。不过，淘宝天猫现在已经把这个漂浮侧栏的功能取消了。
- 店铺顶上的旺旺点很多，说明在店铺内没有合理地规划客服，客户想咨询客服时，只有跑到顶上来找客服。
- 搜索点很多，说明内页的分类导航不清晰，客户找想要的产品，只有到这里来搜索！而且在这里一搜索就会出店，好不容易引入一个流量，这么一搜又出去了，是不是很可惜哟！
- “包邮专区”和“收藏本店”说明这个店铺的活动和产品还是很有吸引力的，所以在改版时要注意把这两个内容保留下来。

1．店招对比

这是同类目竞争对手新农哥的店招，如图 4-5 所示。

图 4-5　新农哥的店招

- 这个店招 Logo 很突出。
- 右边的农哥庄园表现出产品的个性及文化氛围，同时也塑造了品牌形象。
- 绿色的主色调也给客户一个心理暗示——我们的食品都是绿色天然的。

2．店招修改建议

针对以上分析，我们对店招重新进行规划，将良品铺子店招修改为如图 4-6 所示。

图 4-6　良品铺子改版后的店铺

- 去掉那些干扰元素，保留品牌形象部分 Logo。
- 突出品牌 Slogan“让嘴巴去旅行”，这个 Slogan 体现良品铺子的食品来自全球各地。

3．店招设计要求

综上所述，设计店招时应该有以下内容。

- 传达店铺品牌及产品定位，适合品牌型店铺，如图 4-7 所示。

图 4-7　希捷旗舰店店招

品牌型店铺主要突出产品的品质及品牌形象。

- 店内活动，适合营销型店铺，如图 4-8 所示。

图 4-8　北京蓝海方舟数码专营店店招

营销型店铺突出店内活动，或某一个爆款单品。

- 在店招里面增加功能性内容，提高客户体验度，方便买家收藏、店内搜索，如图 4-9 所示。

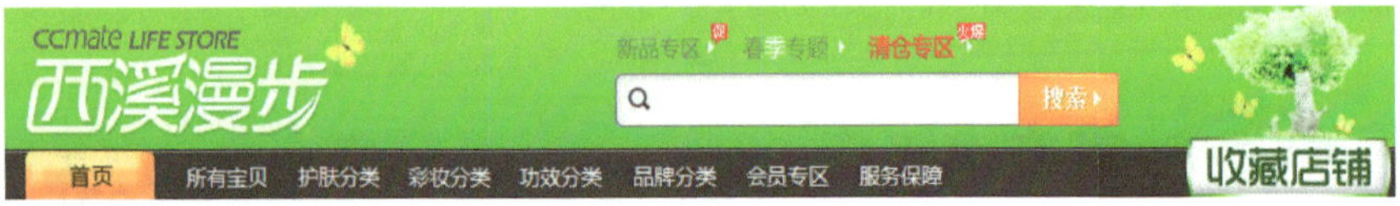

图 4-9　西溪漫步店招

将店内搜索放在导航中，方便买家搜索，同时也有效防止客户在最上面搜索，从而出店。

导航

导航和店招一样，在店铺中曝光量是最大的，而且它的作用主要体现在功能性方面，这个功能就是让客户用最短的时间找到想要的产品。一定要站在买家的角度，结合自己店铺产品的分类，让客户不论从哪个流量入口进来，都可以用最快的速度通览店铺里的所有宝贝。

那么，此时分类就很关键了，尽量不要让分类有交叉现象，也就是说，一个产品只能归在一个分类里。

良品铺子改版前的导航装修热力图分析，如图 4-10 所示。

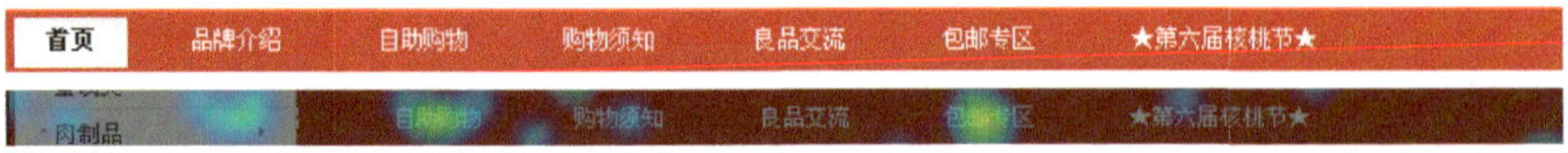

图 4-10　良品铺子改版前的导航装修热力图分析

通过装修热力图我们可以看到：

- 点击很凌乱，很多地方没有人点击，说明这些地方是买家不关心的，很多卖家都容易犯这种错误。买家不关心的内容，如交流专区、购物须知、品牌介绍、会员专区等，应尽量不放。为什么呢？因为，比如"良品交流"，点进去后发现里面只有两篇帖子，基本上没有交流氛围，这给其他买家一种感觉，就是这家店铺的生意不好，没有人交流心得，这无疑是将自己的缺点赤裸裸地暴露在客户面前，这也不符合我们前面所说的"隐恶扬善"原则；如果说交流专区、会员专区等是你的一大亮点，则可以另当别论。记住：在店铺装修中每个点的设计都是有目的的，就是以有利于成交为目的！
- 分类不合理，这样的分类是不利于买家找到自己想要的产品的。

1. 如何设置导航

重新梳理自己的产品线，把一些卖得不好的、供应链有问题的产品统统砍掉，不要认为产品越多越好，现在淘宝提倡小而美，也就是在产品定位方面，要把某一个细分类目做精做强。

我的产品定位原则是：一米宽，一百米深！切割市场，精准定位，向纵深方向发展，把这个细分类目的客户价值挖掘到无人可及的深度。比如，裂帛将女装类目下的民族风做到了极致，现在把曾经风光一时的女装 NO1 品牌——天使之城也收购了！

再说说食品类的几个大店。楼兰密语专注于新疆特产，以大枣为主，每次聚划算的大枣都有几吨的出货量；新农哥只做坚果，无人能及，曾经也想做牛肉干，但失败了；良品铺子是线下休闲食品老大，2011 年线下销售额突破 7 个亿，产品线多达上千种，如果在网上还要做这么长的战线，肯定不可取。

如何选择呢？

重新梳理产品线，不能什么都卖，打开装修热力图，分析首页，如图 4-11 所示。

图 4-11　首页装修热力图分析

通过首页装修热力图分析，我们了解到：

- 导航中原来的包邮专区、收藏店铺、促销专区肯定是要保留的，因为这些地方点击的人很多。
- 产品按品种分类比较合理，如炒货、蜜饯、肉制品、鱼制品、素食、糕点，因为这样可以方便买家选择，同时也比较容易进行产品线修改。

修改后的导航，如图 4-12 所示。

图 4-12　修改后的导航

修改后装修热力图分析，如图 4-13 所示。

图 4-13　修改后装修热力图分析

改版后，从装修热力图可以看出，首页到各分类页的通道打通了。

2．导航的作用

- 缩短购物路径。
- 提高用户体验。

如图 4-14 所示，导航里直接将产品按品种分类，用户可以直接找到想要的产品。

图 4-14　知乐轩导航

再如图 4-15 所示，导航里没有分类，只有“全部分类”，这样用户必须展开才可以找到自己想要的产品，这无疑延长了购物路径，不利于用户体验。

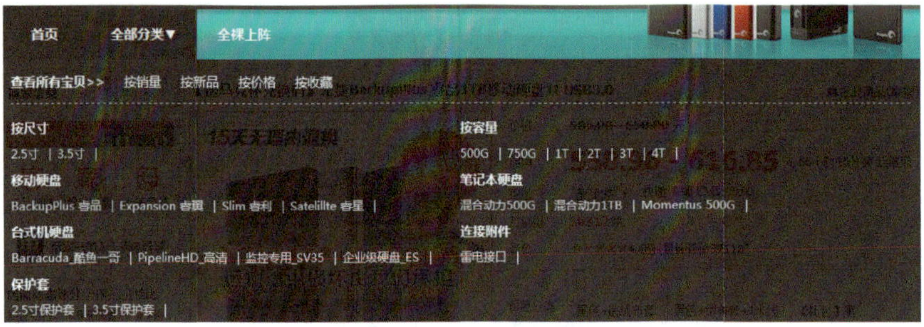

图 4-15　希捷旗舰店导航

首页第一屏

1．购买欲望的沙漏

如图 4-16 所示，说明了页面长度和用户对页面注视点的关系。用户在关注一个页面时，上面的关注点会比下面的关注点多很多，越往下关注点越少，所以在设计首页布局时，一定要把能反映自己店铺形象的 UV 价值高的产品，或者最重要的店内活动放在第一屏。

2．首页布局“一屏论”

在设计首页时，一定要让浏览者在第一屏就能够将重要信息看完整（见图 4-17），下面的内容也可以看到一小部分，而且要考虑到用各种显示分辨率所看到的效果。现在有很多店铺的促销区图片，在设计师的屏幕上看很完整，效果也不错，因为他们用的是大屏幕，分辨率很高；可是还有很多浏览者用的是小屏幕，分辨率只有 1024 像素×768 像素，这样他们就只能看到促销区的一部分图片，必须要在第二屏才能看全。这样做是很不好的！

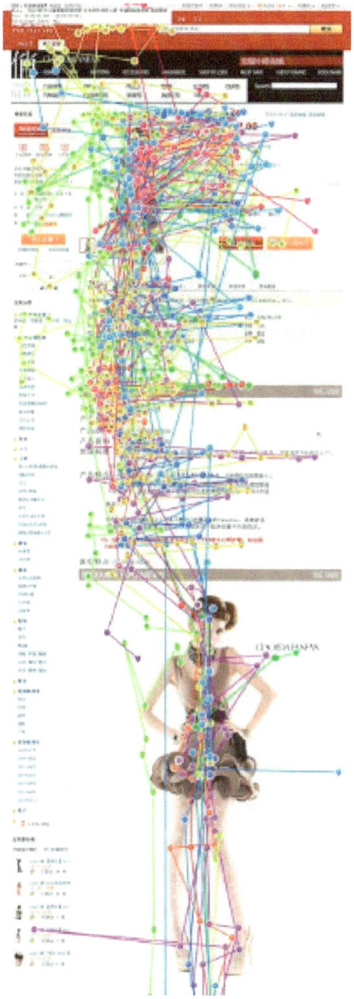

图 4-16　购买欲望的沙漏

图 4-17　首页布局 “一屏论”

促销图

1．促销区——不可替代性的表现

为什么有的店铺一眼看到就让人流连忘返，像七格格家，很潮；还有裂帛家，民族风，都给人一种眼睛一亮的感觉！

就像人刚接触时也是第一眼很关键，如果第一眼印象好，那么后面就很容易沟通；如果第一眼印象不好，那么后面的沟通就会很困难。

如何提高不可替代性的表现，可以从以下 6 个方面来体现。

（1）服务

全球抢先首发，只有在我们这里才有这个服务，如图 4-18 所示。

图 4-18　不可替代性的服务表现

（2）品质

表现与众不同的品质，如 VOA 的真丝裙（如图 4-19 所示），整个店铺装修表现出奢华、高贵，当然其衣服的品质就非同一般，所以其客户一般都有消费能力，这里就不要以价格作为主要促销信息了。

图 4-19　VOA 的品质

（3）价格

消费者永远不会单纯地认为价格越低越好，他们关心的是自己所买的宝贝，在相同品质下是否值这个价，你要让他们觉得这个宝贝是物超所值的，如图 4-20 所示。

图 4-20　Mr.ing 的促销图

如何让消费者觉得物超所值？这是我们要考虑的，如果低促销，一定要给消费者一个充足的理由，不然他们可能认为它只值这个价！如图 4-21 所示，这是一个女包的爆款，降价的理由多么充分："只为公司品牌推广造势，公司高层决定，原定在央视投放电视广告的费用，决定回馈消费者，以 2 折的价格让更多消费者体验实惠的商品！"。

"即便亏本，五星级服务送给您"再次打消了消费者的便宜无好货的心理障碍，这个宝贝当时创下月销过万的记录！

大家好好研究一下，我觉得这段文案把消费者的消费心理把握得滴水不漏！

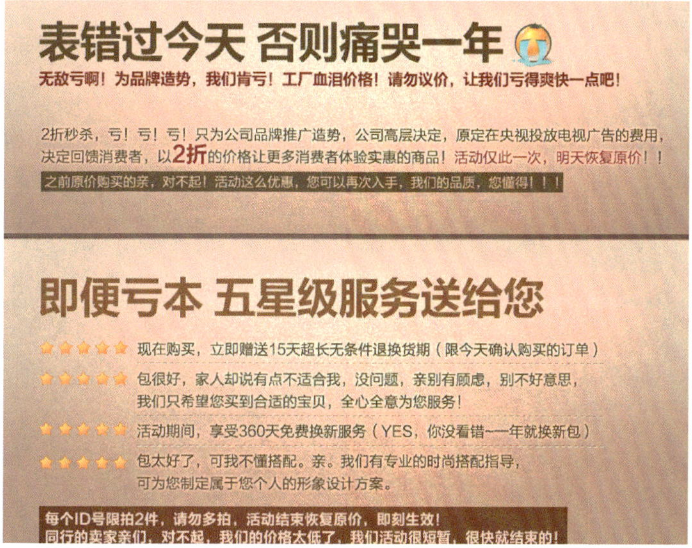

图 4-21　充分的降价理由

（4）特殊效果

同样都是卖鞋的，你的鞋有什么特性？CETRIZET 的特性是"手工缔造 传承经典"，这就是不可替代性，如图 4-22 所示。

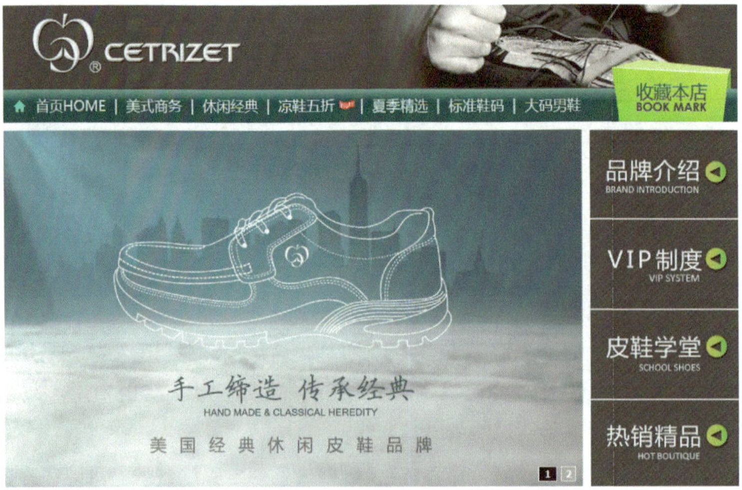

图 4-22 不可替代性的特殊效果表现

（5）品牌效应

也许你是线下品牌，别人还不知道，但你一定要告诉大家你的实力！

如图 4-23 所示，这是清河县一家卖羊毛线的店铺。清河县也许很多人都不知道，但它历史悠久，是武松的故乡，有着“世界羊毛看中国，中国羊毛看清河”的美誉！

图 4-23 嘻嘻羊的品牌效应

这个县城里的几千家店铺，都是农民开店，其中有一个店铺叫“酷美娇服饰专营店”，卖得特别好，2013 年 3 月的一次聚划算活动，卖出 7 万件羊毛线，可以说是前无古人的佳绩！其掌柜在当地别人都叫他“线长”，曾经接受过中央电视台的专访，在这里忍不住要提一下，顺便支持一下这些绝对草根起步的民间电子商务产业！

他们真的很棒！

（6）促销活动

通过店内促销活动吸引买家，也是一个不错的选择，如图 4-24 所示。

图 4-24　店内促销活动

店内促销活动一定要注意时效性，比如说包邮仅限今天，那么明天这个活动一定要取消，不能天天都老一套，这让客户有一种上当受骗的感觉。

良品铺子改版前的第一屏，如图 4-25 所示。

图 4-25　良品铺子改版前的第一屏

改版前的第一屏存在以下问题。

- 整个第一屏信息太乱。
- 没有重点，没有主推宝贝。

良品铺子改版后的第一屏，如图 4-26 所示。

图 4-26 良品铺子改版后的第一屏

改版后的第一屏主推宝贝明确，重点突出！

2．促销区注意事项

- 不要放零成交的宝贝，一定要放代表店铺形象的 UV 价值高的爆款。
- 链接不要进入分类页，因为这样会延长购物路径。
- 促销宝贝颜色应和宝贝详情页主图的颜色一致。
- 促销主题突出，切忌促销信息太多，找准一个最有吸引力的促销活动主推。

分类

分类和导航一样，也是非常重要的环节！

首页第一屏是用来对店铺进行定位的，如果客户第一眼很喜欢，那么也许直接就点到那个宝贝里面去了，也很有可能往下拖，这个时候分类导航就起到了非常关键的作用。

前面的导航只是一种分类方式，而这里的分类方式可以提供多种分类方法，比如说按价格、按收藏、按人气等，这些分类方法让客户能够快速地检索到自己想要的东西。

我们通过装修热力图来看看这个分类点击的情况是好还是不好，如图 4-27 所示。

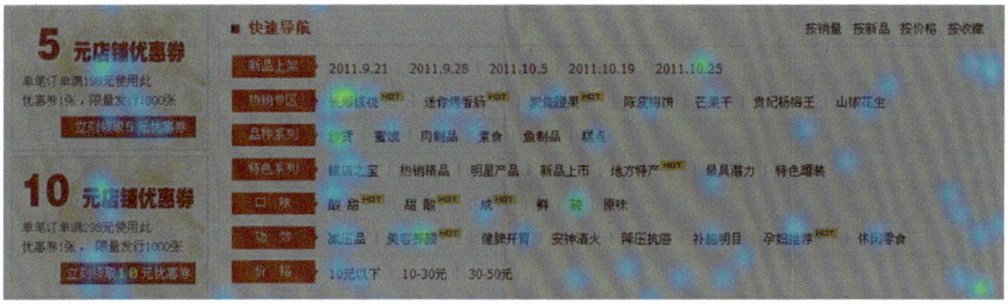

图 4-27 用装修热力图分析分类

用装修热力图分析以上分类，它存在以下问题。

- 设计左重右轻。
- 很零乱。
- “甜酸”加了 HOT，没人点，“辣”没加 HOT，点的人还很多，这说明店家推荐的和买家需求不一样。其实分类导航功能可以使用模板，它会自动标红，就是点得多了它会自动变成红色！

分类导航改版后的布局，如图 4-28 所示。

图 4-28 分类导航改版后的布局

分类导航改版后的布局做了如下改进。

- 增加了品牌记忆点——良品铺子的卡通形象，也就是品牌活体。
- 增加了客服。为什么要增加客服呢？因为我们前面看到，在首页顶部点旺旺的人很多，所以在这里应该增加客服。
- 增加了按不同的方式进行分类，比如按销量、按新品、按价格、按收藏、品种系列、口味、功效等分类，这样更有利于满足不同类型的客户需求。

分类的用户体验如下：

- 如果首页过长，那么第三、五、八屏放分类。

为什么要这样放呢？这和商城的购物体验是一样的，我们进入商城后在每一层的楼口都会看到一个导购牌，如果只在一楼放导购牌，每上一层忘记上面卖什么了，还要跑下来看，这样就很不方便了。这里的道理是一样的，目的只有一个，就是提高客户体验度！

- 提供至少 3 种以上分类方式（比如按价格、按销量、按人气）。
- 要有客服、店内搜索。

万一通过以上方式，客户找不到自己想要的商品怎么办？可以搜。

- 分类不是越多越好，不要出现无宝贝的分类。

很多店铺刚开业时，为了体现自己家的东西很多，有很多分类，虽然这些分类里面都会有产品，但是这些产品目前都还没上线，点一个进去没宝贝，再点一个还是“此分类无宝贝”，这样给买家的感觉好吗？肯定不好！一定要注意，要有精准的分类。

- 分类原则：方便买家以最短的时间找到想要的产品。

产品列表

产品陈列时要注意，每一屏都要有重点，有重点推的宝贝。

在讲产品陈列时，还要重提品牌，什么是品牌？如图 4-29 所示。

品牌

差异化

统一

图 4-29　品牌——差异化和统一

什么样的东西才有品牌呢？一是差异化，二是统一。

“差异化”和“统一”这两个词听起来好像有点矛盾！实际上不矛盾，差异化指的是对外要有差异化。比方说都是做快递的，前面来了一辆黑色的车一定是什么物流公司？顺丰；来了一辆绿色的车又是什么物流公司呢？中国邮政。

为什么大家能分辨出来呢？因为他们在物流行业做出了差异化，而且所有的车子都是这种颜色，这就对内实现了统一。

这是某品牌的陈列，大家看这种拍摄有没有规律？如图 4-30 所示。

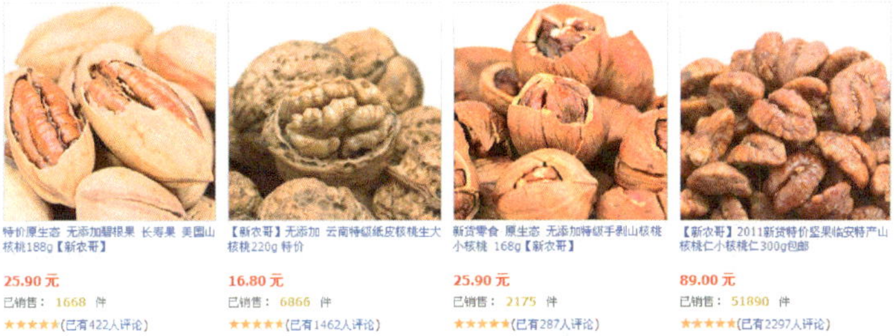

图 4-30　坚果类拍摄

堆成小山型、拨壳、特写、上面有 10%左右的留白率等，这就是他们的标准。

天猫商城为统一自己的品牌，要求有留白率。如果说主图上有一些类似于牛皮癣的东西，那么它是不会给你推荐的。淘宝对有些类目的要求会松些，但是天猫要求很严格。留白率是搜索排名的一个重要考核指标，所以产品主图中也要注意留白率！

再来看看罐装产品拍摄，如图 4-31 所示。

图 4-31　罐装产品拍摄

罐装产品的罐子摆在右上角 45° 的位置，盘子放在左下角 45° 的位置，盘子都是一样的，拍摄角度也统一为一个角度。

爪子类拍摄，如图 4-32 所示。

图 4-32　爪子类拍摄

如果这几个产品同时在搜索列表里出现，你会选择第几个？我想大多数人会选择第一个和第三个，为什么呢？大家自己去想，这个我不再解释了！

再来看看良品铺子改版前的拍摄，如图 4-33 所示。

图 4-33　良品铺子改版前的拍摄

良品铺子没有规范时存在以下问题。

- 产品摆放无规则。
- 产品拍摄没有分类。
- 拍摄没有突出产品的卖点，没有将一个点放大特写。

出现这些问题的原因是什么呢？没有拍摄规范和标准！

拍摄之前一定得有拍摄的剧本，就像拍戏一样，一定是先有剧本的，我们拍图片也得有剧本，比如有模特的要求、场景要营造一种什么样的氛围等。

这里给大家看看后来整理的拍摄要求，如图 4-34 所示。

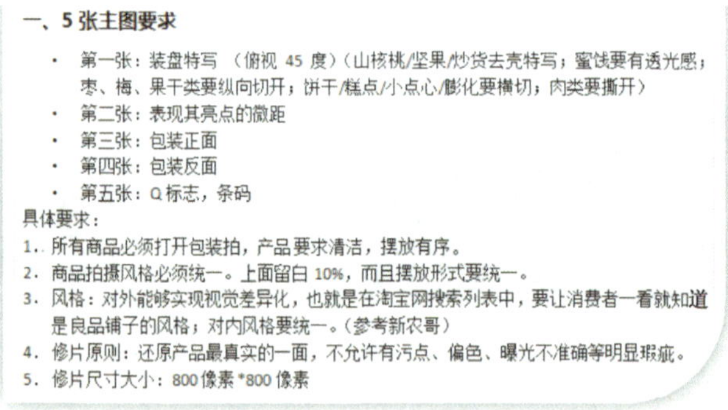

一、5 张主图要求

- 第一张：装盘特写 （俯视 45 度）（山核桃/坚果/炒货去壳特写；蜜饯要有透光感；枣、梅、果干类要纵向切开；饼干/糕点/小点心/膨化要横切；肉类要撕开）
- 第二张：表现其亮点的微距
- 第三张：包装正面
- 第四张：包装反面
- 第五张：Q 标志，条码

具体要求：

1. 所有商品必须打开包装拍，产品要求清洁，摆放有序。
2. 商品拍摄风格必须统一。上面留白 10%，而且摆放形式要统一。
3. 风格：对外能够实现视觉差异化，也就是在淘宝网搜索列表中，要让消费者一看就知道是良品铺子的风格；对内风格要统一。（参考新农哥）
4. 修片原则：还原产品最真实的一面，不允许有污点、偏色、曝光不准确等明显瑕疵。
5. 修片尺寸大小：800 像素 *800 像素

图 4-34　良品铺子的拍摄要求

当然，这里省略了很多内容。

产品陈列要从拍摄那儿抓源头——如果拍摄不统一，就会造成后来装修时再怎么做也统一不了！

良品铺子改版前的装修热力图分析，如图 4-35 所示。

图 4-35　良品铺子改版前的装修热力图分析

从整个装修热力图点进去看，星云密布，乱七八糟的，没有重点。我们说在店铺里面一定得有重点，每一屏都得有重点，所凸显的那个图，一定是卖得好的，而且是有优势的产品，其他几个产品可能是陪衬！

改版后的效果如图 4-36 所示。

图 4-36　改版后的效果

首页数据分析

改版后主观上我们觉得比改版前好得多，每一屏都有重点了，分类更加清晰了，布局也更加合理了！

但主观上说好是不是就一定好呢？

不一定！很多卖家有这样一个习惯：设计师做好一个广告图，抓几个人过来看，大家觉得哪个图好就用哪个。光凭这样臆断是不行的，得拿到网上用数据测！

我们来看看改版后的首页数据，如图 4-37 所示。

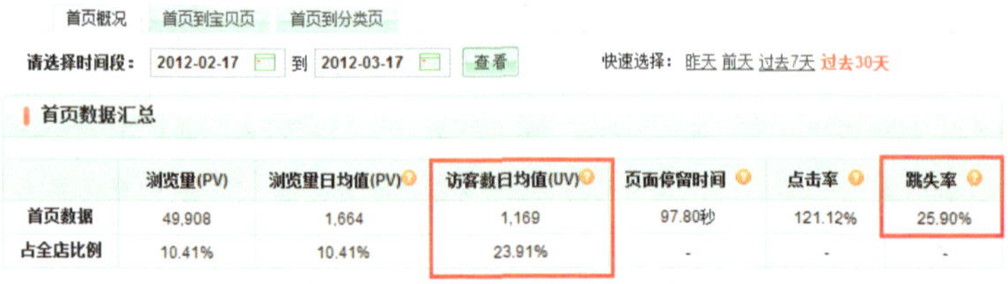

	浏览量(PV)	浏览量日均值(PV)	访客数日均值(UV)	页面停留时间	点击率	跳失率
首页数据	49,908	1,664	1,169	97.80秒	121.12%	25.90%
占全店比例	10.41%	10.41%	23.91%	-	-	-

图 4-37　改版后的首页数据

数据分析如下：

- 跳失率为 25.9%，低于 50%。
- PV、UV 的访问量占比为 23.91%，前面说过 20%左右正常。

- 页面停留时间是 97.80 秒。首页不需要停留时间太长，一般需要买家在宝贝页停留时间长一点，因为成交在宝贝页。

接下来我们看看首页到宝贝页趋势，如图 4-38 所示。

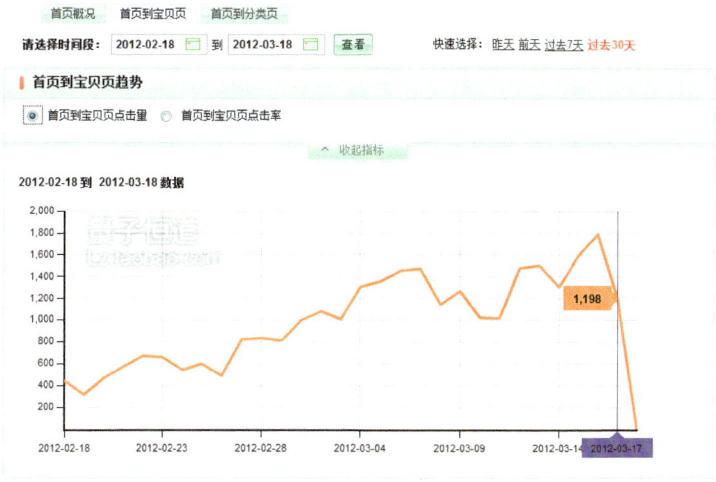

图 4-38　首页到宝贝页趋势

可以看到这个曲线在上升，这说明首页到宝贝页的点击量越来越大，那么首页的跳失率就会下降。

我们再来看看首页到分类页趋势，如图 4-39 所示。

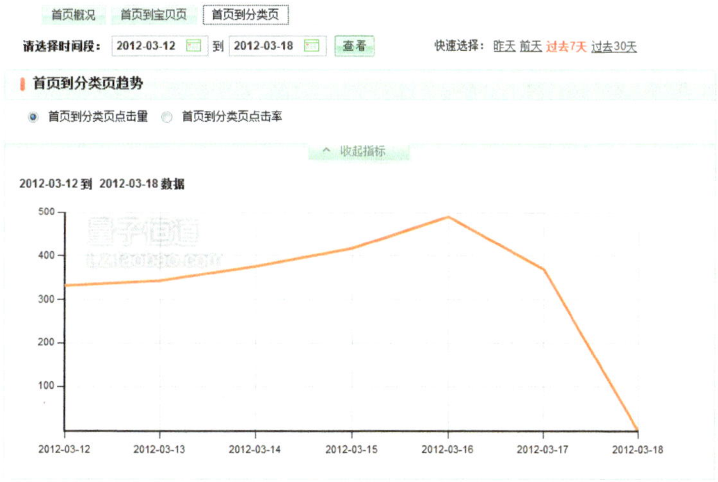

图 4-39　首页到分类页趋势

首页到分类页的点击量曲线也在往上走，那为什么到 2012 年 3 月 18 日突然一下子掉下来了呢？因为这是凌晨 12 点时截的图，所以一下子掉下来了，可能正是数据更新的时候！

通过主观判断以及后台验证，此改版是成功的。

首页布局总结

- 充分利用店招和导航。
- 第一屏很关键，一定要放能代表店铺形象的 UV 价值高的产品。
- 合理的分类导航可以缩短购物路径。
- 产品陈列要风格统一，重点突出。
- UV 价值高的产品可以在首页重复出现。

首页改版过程案例

很多卖家经常问我这样几个问题：

- 我怎么就找不到好美工呢？
- 在哪儿可以找到好美工呢？
- 他做的怎么就不是我想要的呢？

真的招个好美工来你可能又养不起，好美工已经不是美工了，那是设计师，便宜的美工你又觉得不好用，所以说如何培养好自己的美工，才是最关键的！

你作为一个老板，在店铺改版中或者需要做一个设计时，自己有没有一个清晰的规划？如果你自己都没有规划，你让美工做，美工能做出来吗？美工也不是你肚子里的蛔虫！

不要把美工想得太高了，他们就是泥瓦匠，不是工程师，如果你有一张图纸，美工能帮你做出来已经很不错了！

美工听了也许不高兴，站在美工的立场上讲，其实美工也很不容易！他们经常抱怨：为什么我做的东西老板就不认可呢？我辛辛苦苦一晚上没睡觉，我的创意我觉得很好啊，为什么老板就给 PASS 掉了呢？

美工也很郁闷啊！

所以说你作为老板在做店铺改版、设计、宝贝描述时，首先自己得有规划，美工只是一个执行者。

那么在改版时如何规划呢？

第一，你要找到竞争对手，分析他们的优劣。

第二，在心目中有一个自己中意的参考对象，也就是你的模仿对象，不要认为模仿就是抄袭，其实人类的每一项科技进步，都是在模仿的基础上前进的。在知乐轩的这次改版中，我们找到了一好模板，如图 4-40 所示。

图 4-40　知乐轩参考模板

这个模板主要看中的是它的导航搜索、第二屏分类展示功能等。

第三，使用自己熟悉的软件，画一个首页规划图，如图 4-41 所示。

在这个规划图中把店招的布局、导航的分类、首页第一屏的促销内容、第二屏的分类导航内容，以及第三、四、五屏等内容都规范出来了，同时把店铺的主色调、字体都定了，美工只需按这个图纸把它表现出来就可以了，这样对他们来说是不是简单多了？

我们来看看改版前的首页第一屏，如图 4-42 所示。

改版前的首页第一屏存在以下问题。

- 店招只有品牌 logo，没有产品定位，没有将自己的产品差异化喊出来。
- 导航分类没有站在买家的角度上考虑。
- 首屏促销图不能体现自己的不可替代性。
- 产品卖点不突出。

图 4-41　知乐轩首页规划图

图 4-42　改版前的首页第一屏

下面是改版后的首页第一屏。如图 4-43 所示。

改版后的首页第一屏，做了如下改进。

- 店招中优化了 Logo。
- 增加了 Slogan——只做高档佛珠，这样产品定位也明确了，客户也清晰了，贪便宜的人可能就不是我们的客户了。

- 导航分类更合理，增加了店内搜索功能，去掉之前没有利润的类目，定位更加清晰，主推紫檀佛珠。
- 首页第一屏的不可替代性很明确，全网销量第一。

图 4-43　改版后的首页第一屏

改版前的首页第二屏，如图 4-44 所示。

图 4-44　改版前的首页第二屏

改版前的首页第二屏存在如下问题。

- 分类导航不清晰，没有按种类分类。
- 颜色、字体不统一。
- 横排、竖排交叉用，让客户找不到规律。

改版后的首页第二屏，如图 4-45 所示。

图 4-45 改版后的首页第二屏

改版后的首页第二屏，做了如下改进。

- 分类更加清晰。
- UV 价值高的产品在这里重复出现，增加曝光量，同时被点的几率也会增加。
- 颜色、字体统一。
- 排版布局更加规范。

如图 4-46 所示为产品陈列，每屏都有重点，围绕 UV 价值最高的产品——紫檀佛珠做了很多套餐。

知乐轩在改版之前被一个竞争对手盯上，双方陷入焦灼的价格战，知乐轩的掌柜为了改变这种局面，做了一个反常的决定，先把品牌形象建立起来，对方降价，他就加价，把价格拉开很大一部分，这样一来局势马上发生了变化，客单价增加反而买的人还多些了，因为佛珠是非标品，价格一旦拉开就没有可比性了，客户也分开了，买贵的和买便宜的已经不是同一类人群了！

学完本章节，再看看你的店铺首页布局有问题吗?

请画出你的店铺首页布局图！

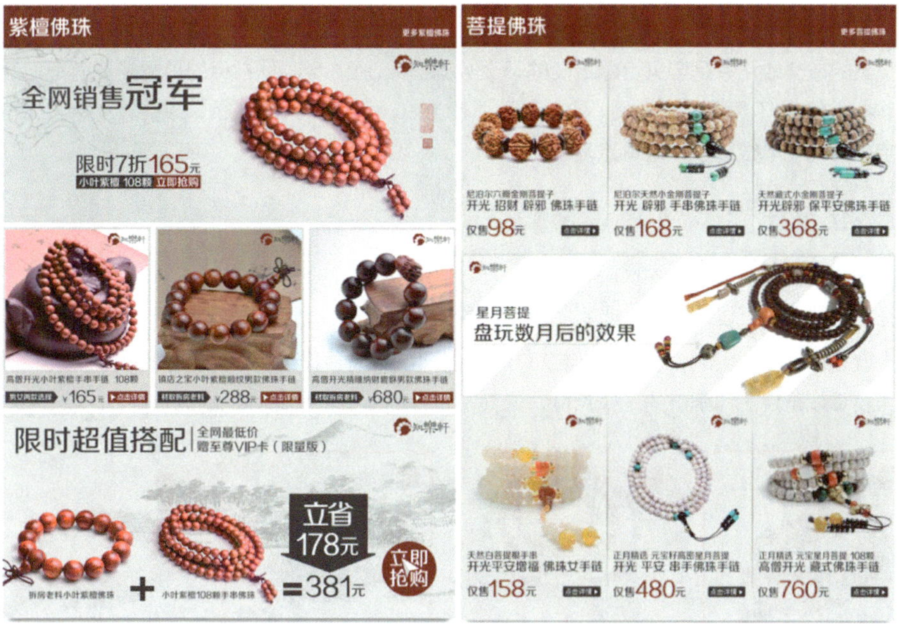

图 4-46　知乐轩改版后的产品陈列

4.4　爆款宝贝描述

宝贝页需要关注的指标

（1）PV。

（2）UV。

（3）跳失率。

（4）出店率。

（5）宝贝页收藏率和购物车使用率。

（6）宝贝的成交转化率。

PV、UV 是不是越大越好？

很多掌柜开店心情很急躁，今天开店铺，恨不得明天生意就很好。当宝贝的成交转化率还很低的时候，建议不要引入流量。请记住：没有转化的流量比没有流量更可怕！

跳失率和出店率当然是越低越好！

宝贝页收藏率和购物车使用率是看指标宝贝有没有潜力很重要的一个数据指标。

宝贝的成交转化率是宝贝页最重要的一个数据指标，看这个数据指标的前提是要有一定数量级别的 PV 或 UV，不然看了没意义。比如说浏览量为 10，有 2 个人成交了，成交转化率为 20%，就认为宝贝的转化率很高了，这肯定是不对的！

流量转化过程

第 1 步：引起潜在顾客关注。

在一定程度上可以这样说：吸引了多少眼球，就会有多少潜在顾客，就等于增加了多少流量。

也就是说，在搜索时，我们要让宝贝尽可能多地在搜索列表里出现，比如在淘宝搜索“佛珠”时，第一页就出现了知乐轩的三个产品，这样知乐轩的点击量就比其他的店铺高！（见图 4-47）

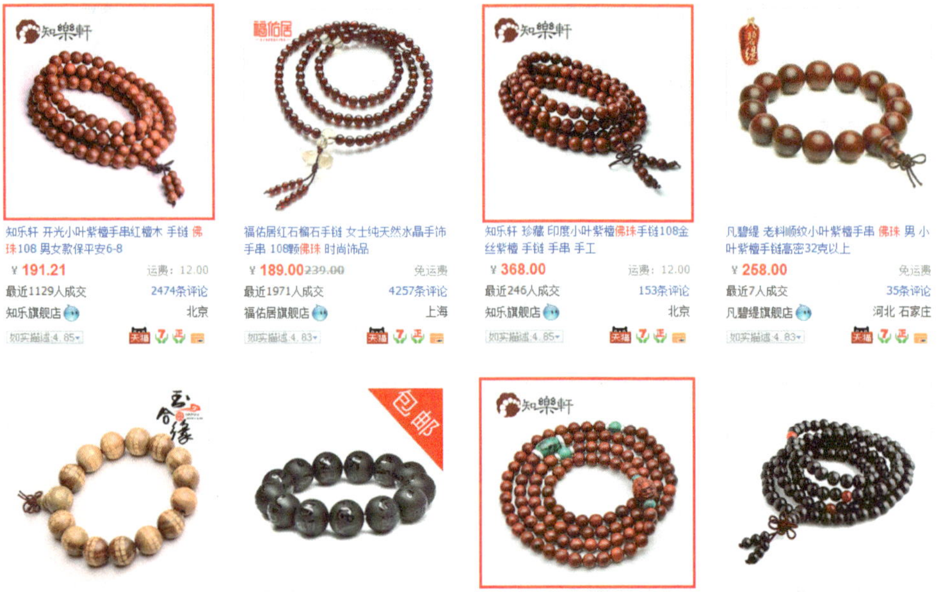

图 4-47　淘宝“搜索”佛珠列表页

第 2 步：引发买家兴趣和购买欲望。

与坐等生意上门相比，引发买家购买欲望会事半功倍。

买家关注到你，但能否激发他的购买欲望就是宝贝描述页的任务了！那么，进入宝贝页的第一件事就是引发买家的兴趣（见图 4-48）。

图 4-48　引发兴趣焦点图

第 3 步：传达网站信息，塑造网站形象。

在买家心目中成功地树立起网站形象，比实际成交一笔订单所取得的收益更大（见图 4-49）。

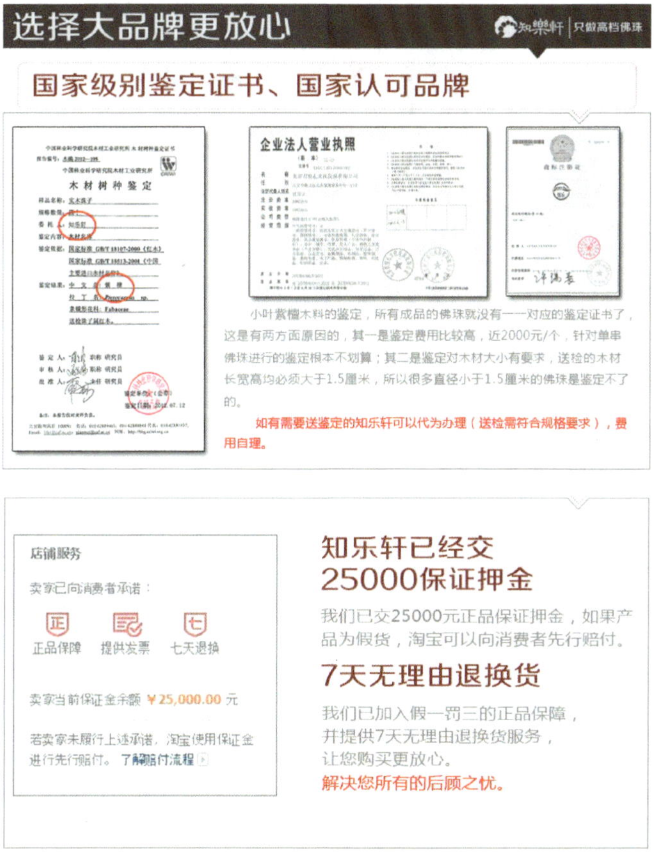

图 4-49　树立网站形象

成功地树立网站形象，可以增加消费者的复购率！

实际上，这 3 步是将流量转化为有效流量，再到忠实流量的一个过程，如图 4-50 所示。

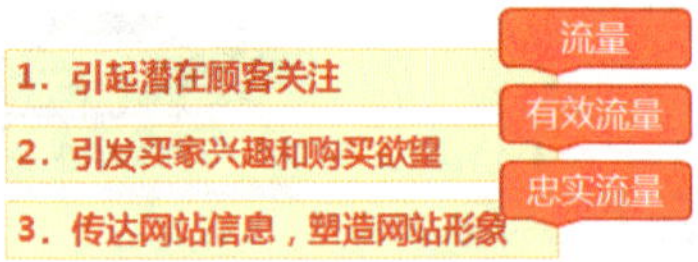

图 4-50　流量转化过程

这个过程实际上也就说明了视觉营销的作用，是从认识商品→改变态度→产生购买行为的过程，如图 4-51 所示。

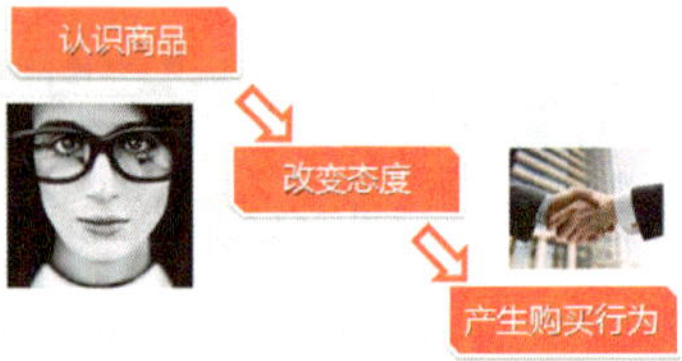

图 4-51　视觉营销的作用

成交转化 5 步曲

流量来了，如何将它转化为成交是考核宝贝描述页的重要指标，我归纳出以下 5 步曲。

第 1 步：引发兴趣。

第 2 步：激发潜在需求。

第 3 步：从信任到信赖。

第 4 步：从信赖到强烈想“占有”。

第 5 步：替客户做决定。

这 5 步曲是根据消费者递进的心理需求来定的，这对线下超市的购物路线应用非常成功（见图 4-52）。

超市的赚钱诡计如下。

（1）香气扑鼻的面包房总在入口处。

（2）暖色外墙召唤你走进，冷蓝色内饰让你多停留。

（3）生鲜食品在最里面，让你穿越整个超市。

（4）一旦走进回型通道，你会条件反射般绕进去。

（5）引导你从右向左走。

（6）畅销品在你视平线上，优惠品在通道末端。

（7）有舒缓的音乐。

（8）利润最高的货品在收银台旁。

图 4-52　超市的购物路线

那么，宝贝描述如何根据这 5 步曲一步步引导买家，从认识商品，到最终产生购买行为呢？我们通过一个简单的案例来说明这个过程。如果宝贝描述要有如图 5-3 所示的内容，你认为怎样排序会比较好呢？

图 4-53　宝贝描述排顺序

针对大多数产品，我认为应该这样排序，如图 4-54 所示。

图 4-54　宝贝描述排序规则

为什么要这样排序?

（1）比如，我想在超市里买一个电热水壶，我走进超市老远就看到一个电热水壶很好看，正是我想要的那种。这相当于我在店铺里看到的是它的整体图片，是整体图片引发了我的兴趣；

（2）接下来，我会走过去拿起来看，看它的材料、做工、电源线等，这个时候相当于我在店铺里看它的细节图；如果我觉得它的细节做得很到位，我就会问服务员，了解它的功能如何，是否防干烧、会不会循环烧开等，这相当于我在店铺里看它的产品介绍文字；如果功能也符合我的要求，那么功能激发了我的潜在需求；

（3）我可能会去了解它的售后服务，是不是 5 年保修等。那么在淘宝上，我可能会关心它是不是全国联保等，如果在网上买，我会关心它的全国的售后网点在哪里，我所在的地区有没有售后网点。售后服务让我从信任到信赖；

（4）同时服务员还告诉我了该产品的公司实力、品牌等，会增加我的信任度，此时会让我从信赖到强烈想“占有”！

如果前面的事情都 OK 了，这个时候我肯定就开始动心了，如果服务员现在跟我说：这个水壶原价 388 元，今天做活动前 5 名可以享受 5 折优惠，你刚好是第 4 名，再不买就没有机会了！此时的促销就会让我尽快地购买。

这就是一个线下业务员实现成交转化的 5 步曲，由于线上不可能和每个客户去讲，但可以模拟这种逻辑顺序，所以说宝贝描述的逻辑顺序很重要！

内页文案设计逻辑顺序

根据成交转化 5 步曲延伸出内页设计的 15 个逻辑关系。

- 焦点图（引发兴趣）
- 目标客户群设计——买给谁用
- 场景图（激发潜在需求）
- 商品细节（逐步信任）
- 为什么购买（好处设计）
- 为什么购买（痛点设计）
- 同类型商品对比
- 客户评价、第三方评价（产生信任）
- 商品的非使用价值
- 拥有后的感觉塑造（给客户一个 100%购买的理由）
- 给掏钱人购买理由——送恋人、送父母、送领导、送朋友
- 发出购买号召（为什么立刻、现在、马上在我店购买）
- 品牌介绍
- 购物须知（邮费、发货、退换货等）
- 关联推荐

下面我以红桃 K 的一个月销量 4000 多件的爆款为例（见图 4-55），解释这 15 个逻辑关系。

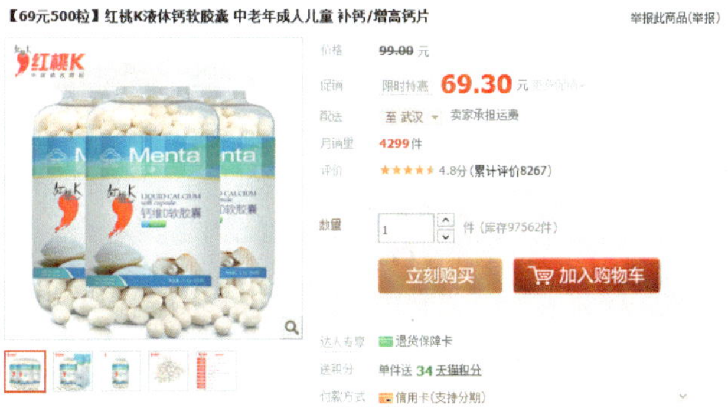

图 4-55　红桃 K 爆款

焦点图（引发兴趣）

当消费者点击你的商品进到店铺以后，你要快速地切换到焦点图的环节，通过让消费者看焦点图，迅速吸引和抓住他的眼球，明白这个商品是什么，商品的使用对象是谁。

为什么能够引发消费者的兴趣？引发兴趣的焦点图可以是热销盛况、产品升级，或者是买家的痛点等（见图 4-56）。

图 4-56　引发兴趣的焦点图

目标客户群设计——买给谁用

这个商品的目标客户是谁？买给谁用的？迅速告诉消费者这个商品的目标客户是谁，同时也告知为这个商品掏钱的人是谁，比如说送礼。这里有两个目标客户：一个是商品的使用者，另一个是商品的购买者。所以需要清楚地界定客户对象（见图 4-57）。

图 4-57　目标客户群设计——买给谁用

场景图（激发潜在需求）

这个商品用在什么场合？用在什么场景下？见图 4-58。

图 4-58　目标人群使用场景图

这个商品可以全家人共享，全家人吃了都健康，把一家三代其乐融融的场景表现得淋漓尽致！

商品细节

通过场景图让客户对商品产生了感性认识，并产生了兴趣，接下来就是理性部分要考虑的因素，这就是商品详细图，也叫细节图。

从哪些角度来展示商品细节才能让买家了解商品呢？这需要尽量全面。试想：买家在实体店购买时会关注哪些细节，你就要展示哪些细节，让买家了解的商品细节越多，买家就越信任（见图 4-59）。

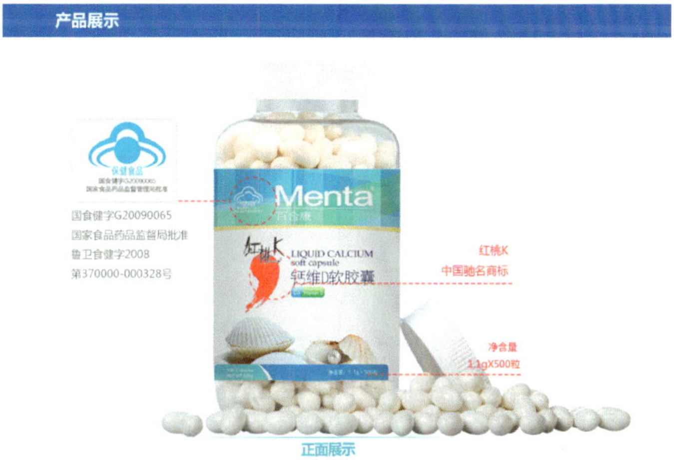

图 4-59　商品细节图

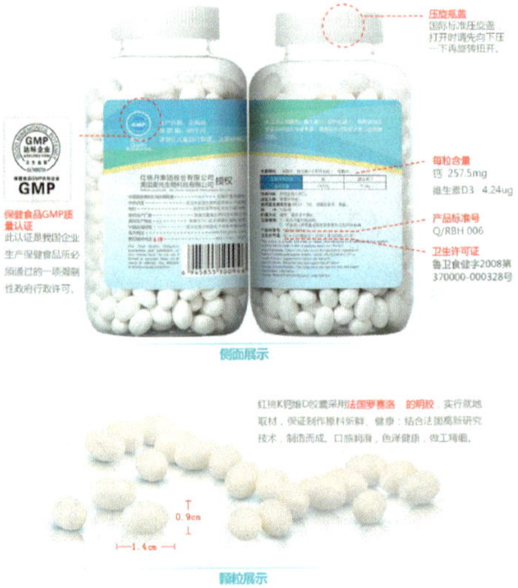

图 4-59　商品细节图（续）

这里有整体包装的正面、侧面、瓶盖、颗粒展示，甚至将每粒的尺寸都标注出来，可以看出卖家考虑得多么周全，多么用心在做宝贝描述这件事。

你的产品应该展示哪些细节？请自己想想！

为什么购买（好处设计）

为什么购买这个商品？要为商品做卖点设计、好处设计（见图 4-60）。

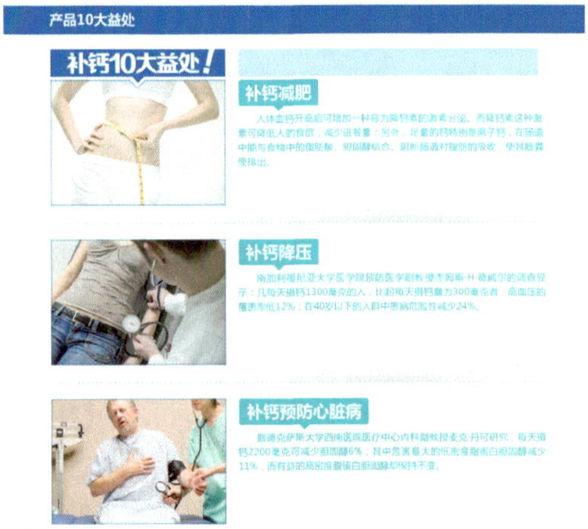

图 4-60　好处设计（限于篇幅，其他几点省略）

为什么购买（痛点设计）

做了卖点设计、好处设计，假设消费者不买这个商品会有什么痛苦？做痛点设计最能打动消费者（见图 4-61）。

（限于篇幅，其他几点省略）

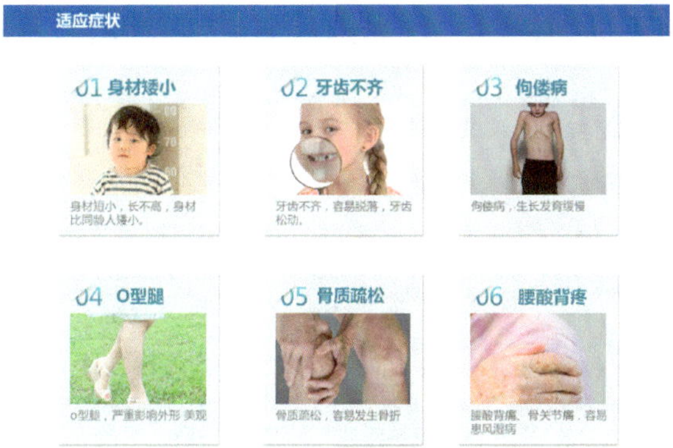

图 4-61 痛点设计

看了这个痛点设计，给我的感觉是再不补钙马上就会得他所说的那些病了，太可怕了！

同类型商品对比

前面说得我已经很心动了，如果要买，那么为什么要买你店铺的商品？所以，一定要做同类型商品的对比，比如说价格对比、价值对比、功能对比等（见图 4-62）。

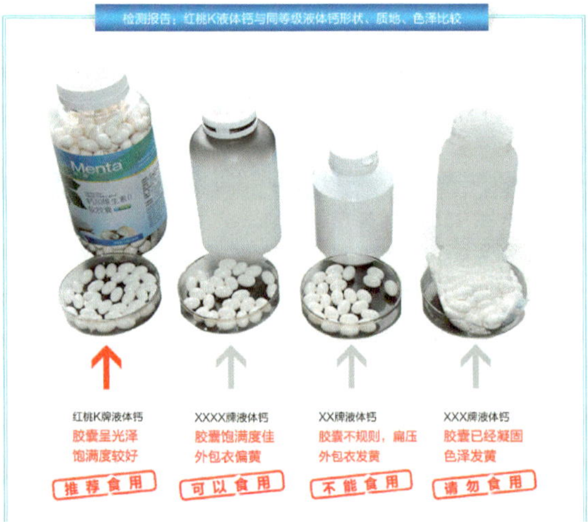

图 4-62　同类型商品对比

客户评价、第三方评价（产生信任）

你的这个商品这么好，到底谁说好，不能你说好就好，一定要增加第三方评价，在淘宝内页设计中大量采用客户评价作为一个重要的打分环节，我们在内页设计中也应该考虑第三方评价，比如买过这个商品的客户评价、权威机构对商品的评价、第三方服务机构对你的评价等（见图 4-63）。

图 4-63　客户评价

商品的非使用价值

商品内页必须要有关于商品的非使用价值的文案设计，告诉消费者此商品还能给他带来什么非使用价值（见图 4-64）。

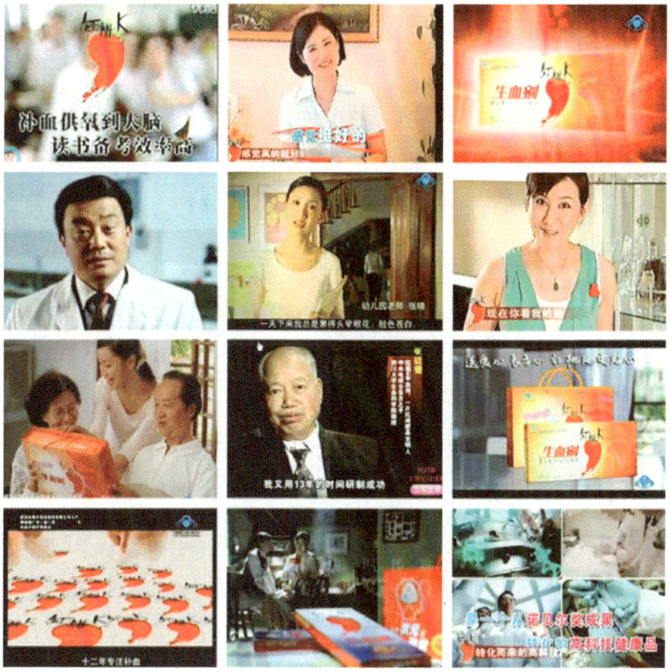

图 4-64　商品的非使用价值体现

红桃 K 的每个广告片里都在挖掘产品的使用价值和非使用价值。

一个商品的非使用价值可以从以下几个方面来考虑。

第一：品牌的附加价值。

凭什么一个 LV 包能够卖几万元，而一个和它品质差不多的包只能卖几百元，它们的区别就在于这个 LV 的标志，而且据说真的 LV 包用久了拉链还会掉色，这个标志就是品牌附加价值！

第二：身份和形象。

开奔驰和开奥拓的感觉是完全不一样的，一辆豪华轿车的价值超过 40 万元以后，它的本身价值还有多少提升空间，再多出来的就是身份和形象价值。

第三：跟职业相匹配。

比如说商品的使用者是一个教师，针对教师这个群体，这个商品的非使用价值是什么？是他们在众人面前受人尊重，不能没有形象。

第四：情感。

我们买东西往往买到的不是商品，而是商品背后所体现的一种爱、一种关心、一种情感。比如，男装类目的店铺数据表明，有一半的购买者是女性，都是买给男朋友、老公和老爸的。

第五：感觉。

很多客户买东西就是一个感觉，穿件衣服去参加宴会感觉就是不一样。

第六：面子。

中国人最讲面子，中华烟、茅台酒的消费者很多就是讲面子的。如果作为礼品送会不会有面子？

所以商品的非使用价值是提高客单价的一个重要突破口！

拥有后的感觉塑造

在宝贝描述里必须有消费者购买这个商品以后的感觉塑造，强化信任关系，给客户一个 100% 购买的理由。

在红桃 K 的用户设计中已经把这种拥有后感觉塑造出来了，一家人身体健康、其乐融融的感觉一览无余。

给掏钱人购买理由

一定要给掏钱买单的人 *N* 个购买理由，比如买给自己、买给朋友、买给父母、买给同事等。

发出购买号召

一定要发出购买号召，为什么现在、立刻、马上在我店购买？（见图 4-65）

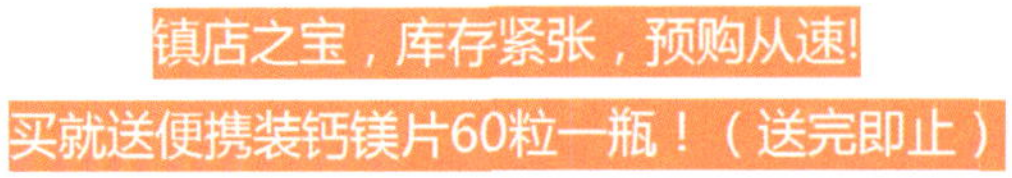

图 4-65　发出购买号召

发出购买号召最好的方法就是营造紧张的氛围，如限时、限价、限量、限本店，当然前提是在前面的宝贝描述中，要让客户对你的商品充分信任，这里才能够马上促单！

品牌介绍

品牌实力展示可以增加信任，提高客单价（见图 4-66）。

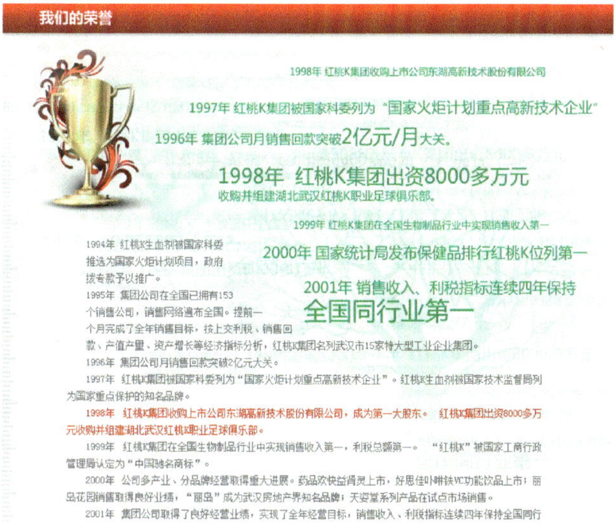

图 4-66 品牌介绍

购物须知（邮费、发货、退换货等）

和消费者购物相关的合约，比如说邮费、怎么发货、怎么退换货、有哪些售后服务等，这些服务跟一个商品基本合约相关的东西，还是有必要告诉买家的，可能没有多少人会看，但写在这里可以避免以后发生不必要的纠纷（见图 4-67）。

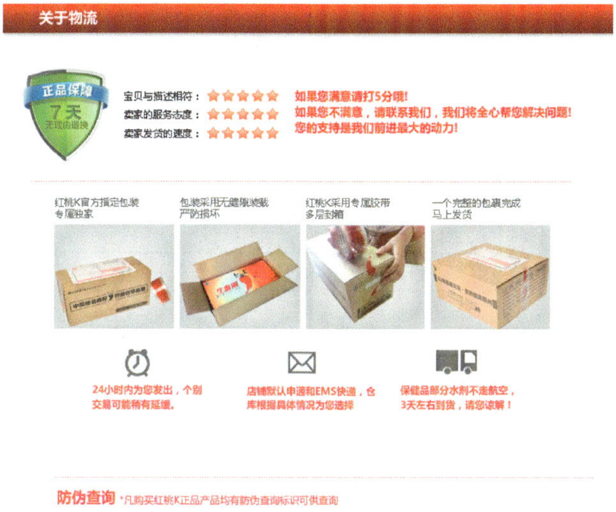

图 4-67 购物须知

关联推荐

看完整个宝贝描述，客户有可能不买，此时可以介绍跟这款商品相关的商品（见图 4-68）。这是页面底部的关联，称为下关联。关于关联推荐还会在后面详细解说。

图 4-68　关联推荐

成交转化 5 步曲和 15 个逻辑关系的对应关系

成交转化 5 步曲	15 个逻辑关系
引发兴趣	焦点图（引发兴趣）
	目标客户群设计——买给谁用
激发潜在需求	场景图（激发潜在需求）
从信任到信赖	商品细节
	为什么购买（好处设计）
	为什么购买（痛点设计）
	同类型商品对比
	客户评价、第三方评价（产生信任）
	商品的非使用价值
从信赖到强烈想“占有”	拥有后的感觉塑造（给客户一个 100%购买的理由）
	给掏钱人购买理由——送恋人、送父母、送领导、送朋友
替客户做决定	品牌介绍
	发出购买号召（为什么现在、立刻、马上在我店购买）
	购物须知（邮费、发货、退换货等）
	关联推荐

这里需要强调的是，15 个逻辑关系和成交转化 5 步曲的对应关系并不是绝对的，比如有的商品，引发兴趣的点就是痛点，我的一个朋友是卖化妆品的（见图 4-69），他的爆款逻辑如下：

- 引发兴趣（热销）
- 挖掘买家的痛点
- 使用效果对比
- 达人推荐
- 搭配套餐
- 好评如潮
- 明星推荐
- 媒体推荐
- 产品优势
- 产品成分
- 产品详细信息
- 使用方法
- 产品整体图片
- 产品细节图片
- 品牌故事
- 荣誉证书
- 我们的承诺
- 如何找到我们
- 收藏有礼
- 满意 5 分
- 购物须知

图 4-69 引发兴趣和激发潜在需求

这里就把“挖掘买家的痛点”作为“激发潜在需求”。

还有些产品根据不同的时间点，其逻辑顺序也不一样，比如一件衣服正火爆销售期间，基本来买的人都只会问自己穿什么尺码的，所以从客户实用，也是从客服工作效率上考虑，需要把宝贝描述中的尺码介绍往上放。

“激发潜在需求”还可以通过情感营销（见图 4-70）。

新农哥系列漫画——剥开记忆的坚果

图 4-70　激发潜在需求——情感营销

通过唤起人们的孝心、爱心来挖掘买家的各种潜在需求。

所以，这个**逻辑顺序切忌死搬硬套**，只要宝贝描述中考虑到这些因素，就可以灵活搭配！站在客户的角度，如何描述能够一步步打动客户，让其有逐步往下看的欲望才是关键！

还有一个朋友卖女包，这个包可以手提、斜挎、单肩背，还可以双肩背，是百变包，销量很好，可后来很多买家反映不知道怎么双肩背，售后客服一下子就忙不过来了，这时就应该在宝贝描述里增加介绍双肩背的方法！

所以，宝贝描述文案的设计，是以客户为中心的。在宝贝描述文案中要回答以下几个问题。

- 亲关心啥?
- 啥东东?
- 有啥用?
- 怎么用?
- 价格怎样?
- 靠谱吗?
- 别人购买过吗?
- 评价如何?

因为我们无法像线下购买那样，可以和买家一问一答，所以要模拟客户可能关心的问题，并一一解决，这样才能让客户逐步信赖，产生购买！

同时，在文案设计中不要忘记赞美客户，因为赞美是任何人都不会拒绝的，而且是促销的利器，也是提高客单价的一个行之有效的方法，我们叫“情感营销”！

如图 4-71 所示，这是武汉一家店铺的爆款毛衣裙，这个爆款成功的主要因素就是这段攻心文案。

图 4-71　通过第三方赞美的文案

这段文案的成功之处在于，通过一个旁观者去赞美穿着这件毛衣的女孩，让人读完以后浮想联翩。

试想一下：如果是一个女孩看到，会不会想到：“如果我穿上这件衣服，会不会让我的白马王子也对我一见倾情呢？”如果是一个男孩看到，会不会想到：“如果我买这件衣服给我的女朋友，会不会讨得她的欢心呢？”

情感营销也是给购买者一个掏钱的理由，很多时候购买者不一定是使用者，所以我们要挖掘客户的这种潜在需求（见图 4-72）。

图 4-72　情感营销——给购买者一个掏钱的理由

综上所述，宝贝描述的逻辑顺序很重要，不同类目的宝贝逻辑顺序又不一样，这需要卖家根据客户的关心重点不同，按照成交转化 5 步曲去整理 15 个逻辑关系！

强调一下，不同店铺的宝贝描述逻辑顺序是不同的，但同一个店铺的宝贝描述逻辑顺序可以是一样的！

宝贝上架流程

有了宝贝描述的逻辑顺序后，就要建立宝贝描述模板，如何高效地上传宝贝描述，而且上架的宝贝描述还很规范，这就一定要有宝贝上架流程，如图 4-73 所示。

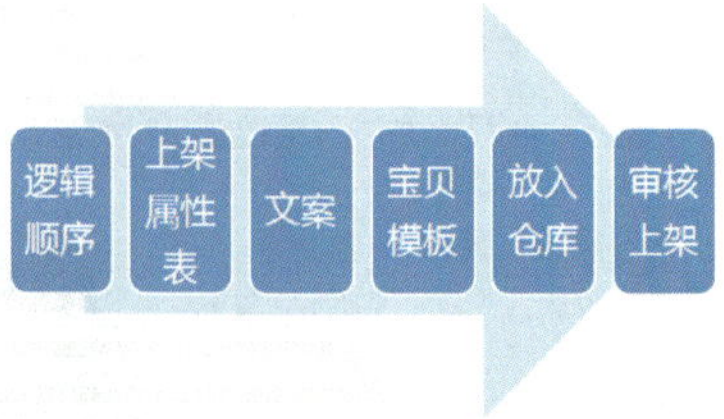

图 4-73　宝贝上架流程

每个店铺确定了宝贝描述的逻辑顺序后，根据宝贝上架时要填写的基本属性和逻辑顺序中的内容整理出一个表格，每个宝贝要上新时都按这个属性表里的内容去找素材，这样可以保证每个宝贝描述的内容都是丰满的，而且是一个可以打动消费者的宝贝描述。

这里提供一个上架属性表给大家做参考，如图 4-74 和图 4-75 所示。

商品名称		商品编号	
品牌		价格	优惠牌价
		99	69.3
单品	液体钙软胶囊		
规格（粒/袋/ml/g）	500粒		
产品辅助功能	强健骨骼		
保健部位	骨骼关节保健		
产品剂型	软胶囊		
产品系列	液体钙		
储藏方法	避光、置阴凉干燥处		
适用人群	各种人群		
食品添加剂	无		
产品标准号	Q/RBH 006		
保质期	48个月		
厂址			
厂家联系方式	4007367777		
厂名			
配料表	钙，维生素D...		
是否为保健食品（健字号）	保健食品		

图 4-74　上架属性表的基本属性部分

引发兴趣，产品广告图	
主题突出	促销的主题一般是价格、折扣和其他促销内容本身，所以这个信息应该是放在视觉焦点上的，被突出和放大的元素 （宽度*高度：750*450PX）
目标明确	模特应与目标人群特征吻合，也要和产品特点吻合
形式美观	形式美观表现在色彩、字体、引导、标签、对比和夸张、修图、构图、取舍、氛围等方面
产品升级	
比较前后产品的区别，让客户感觉升级产品更加吸引人，突出表达升级的地方	
产品信息	
区域大小	一般高度不超过一屏（宽度*高度：750*450PX）
排版结构	左上为品牌、产品名称、包装、规格、产地、形态、保质期、储藏方法 右上为产品，一般瓶装为三瓶、盒装为一盒（加适量相关成分素材） 下面为产品介绍（即成分/含量）、适用人群、服用方法、温馨提示
模块的意义	让客户在浏览宝贝描述时，能第一时间知道产品各种基本信息，完整有效的产品信息更能增加客户对产品的信赖，增加专业性
产品特色	
排版结构	左边为素材图片，右边为文案描述
信息内容	内容为特色图片素材，直观表示特色所在，文案微软雅黑大字标题突出特色
模块的意义	让客户马上能了解产品特色，初步勾起购买欲望
产品展示	
正面展示	展示产品正面效果图，用红色虚线（虚线需用文字工具制作）圈出瓶贴上的品牌Loge、含量规格，有保健食品标识的也必须标示出来。产品下拉出渐变的直线 下面写文字“正面展示”
左侧面展示/右侧面展示	展示产品左侧面效果图、右侧面效果图，用红色虚线圈出含量、标准号、卫生许可证、有GMP标识的瓶贴也要标示出来
颗粒展示	展示产品颗粒（片、剂等）效果图，将一颗粒（片、剂等）用红色标尺清晰地标示出尺寸，在右边空白位置写出产品颗粒（片、剂等）特色

图 4-75　上架属性表的宝贝描述逻辑顺序部分

很多店铺的宝贝描述没有章法，每上新一个宝贝就不知道从何说起，而且一上架就很容易出错，比如上错类目等，这是要扣分的。导致出现这些问题的原因就是没有建立自己的宝贝上架流程和标准。

还有很多店铺上新是这样的：一来新品，掌柜就把新品交给美工，直接和美工说：“你把这些产品描述做一下。”美工又不懂产品的卖点在哪里，就根据自己的理解去网上搜索资料，做出来的结果可想而知，肯定不是掌柜想要的。这时老板开始抱怨怎么就找不到好美工呢？美工也开始抱怨做美工真难啊！

要知道，美工只是一个美工，他们又不是神仙，不是什么都懂，这样就相当于把产品开发、文案、设计师的工作都交给美工了，任何一个美工都没有这样的本事，除非这个美工是老板自己。

那么，宝贝上架流程是怎么细化的呢？（见图 4-76）

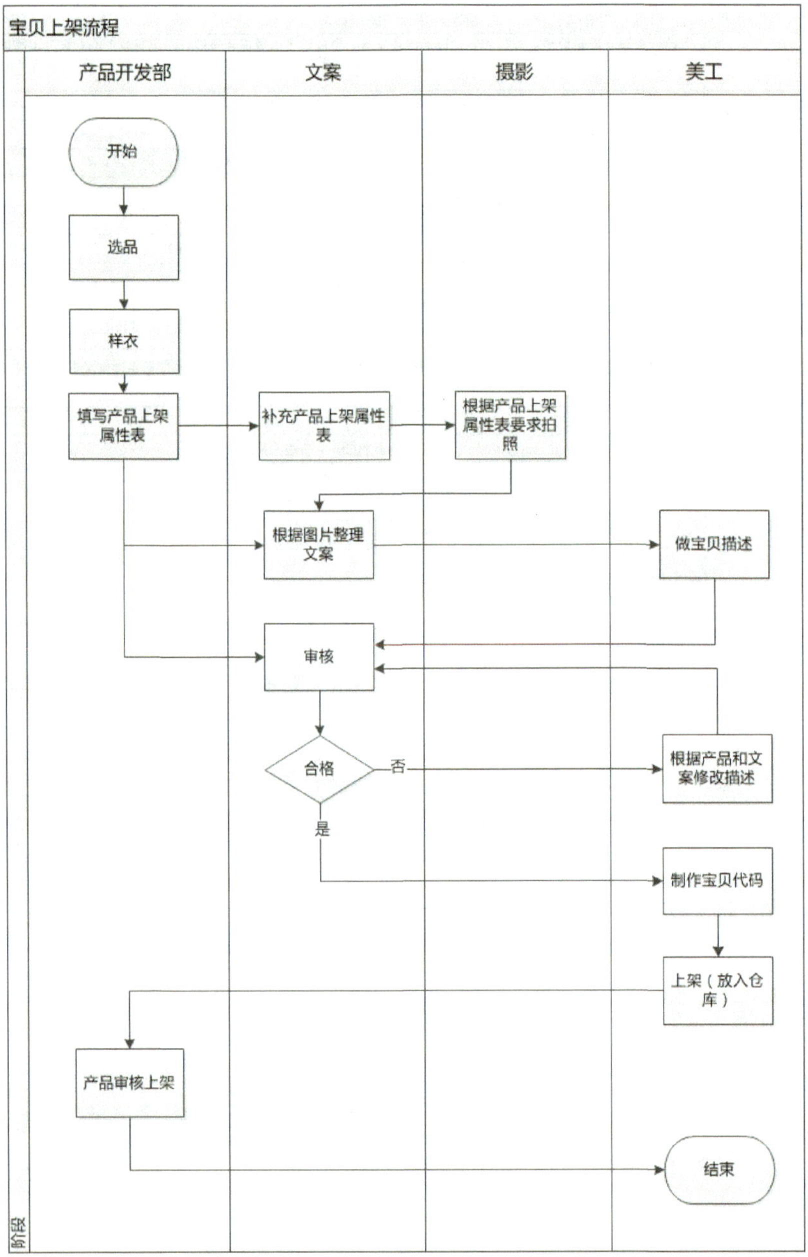

图 4-76　宝贝上架流程细化

通过这个流程我们可以看到，在美工做宝贝描述之前有很多工作要做，美工只是一个执行者，前期工作都做到位了，美工按照设计好的图纸把它做出来。

产品开发部的工作还有“选品”，选品也是一件很重要的事情，为什么要选这个产品？这个产品的优点是什么？只有产品开发部是最清楚的。

如果美工能够把前面的工作都做了，那么他还是一个简单的美工吗？

很多掌柜跟我抱怨：怎么就找不到一个好美工呢？是不是把前面的这些工作都做了，才是一个好美工呢？如果是这样一个美工，你准备给他开多少钱的工资呢？

所以说，不是美工不好，而是你没有规划好！

如果我们能够给这些内容都建立标准，每个人或每个部门都只做自己擅长的事情，是不是问题就解决了呢？所以，为了让美工能够高效地工作，必须建立自己的美工 VI 手册。这个在后面章节会详细讲解，这里只给出一个案例的一部分，如图 4-77 所示。

图 4-77 美工 VI 手册

这个截图是美工 VI 手册的宝贝描述部分，这部分标准中把宝贝描述中每个版块的区域大小、排版结构、标题及内容文字大小、字体、颜色、行间距、段落间距、页边距等都规定了，每个美工做宝贝描述时必须按照这个标准去做，不然就不合格。

按照这个标准做出来的宝贝描述是不是一定就会爆款呢？这个谁都不能保证，但是这样做出来的宝贝描述至少不会有太大的问题，为了让宝贝描述更加优秀，我们还要拿到实践中不断地进行优化和改进。

爆款宝贝分析

有了爆款以后，我们要及时跟踪它的动向，通过装修热力图、宝贝来源动向分析监测它的动向，以便及时做出调整。下面我以一个爆款为例，给大家演示如何分析爆款宝贝。在量子恒道热销宝贝排行中可以找到自己的爆款宝贝，如图 4-78 所示。

输入宝贝名：查询 下载 打印

序号	宝贝名称	分类	宝贝页浏览量(PV)	宝贝页浏览量日均值(PV)	宝贝页访客数日均值(UV)	平均访问时间	跳失率
1	良品铺子 蟹黄豆瓣/蟹香蚕豆镇店之宝必买25... 查看详情	炒货类>>王	11,928	398	308	3分43秒	49%
2	【良品铺子】小年糕条 胜过黄金麻薯 泰国糯米东北... 查看详情	糕点类	11,178	373	305	3分43秒	58%
3	良品铺子 黄金麻薯 手造台湾麻薯,进店必买,1盒... 查看详情	糕点类	10,479	349	297	3分18秒	65%

图 4-78　量子恒道热销宝贝排行

这个宝贝的浏览量（PV）为 11928，在这个数量级别下，跳失率只有 49%，是非常健康的一个宝贝，我们通过装修热力图（见图 4-79）来分析一下它的优劣。

和原图对照着看，我们发现：

（1）“更多信息”点击很多（越红的位置说明点击越多），这说明很多买家想了解关于产品更多的信息，所以在宝贝上架时要把宝贝属性的信息尽可能填写完整。

（2）“数量”点击很多，这说明来买的人多数都不只买一件。

（3）主图的第 3 张图点击很多，第 3 张图是包装图，这说明买家很关心包装。包装图在其他宝贝里也必须要有，而且要拍好，那我们是不是要把包装图作为第 1 张图呢？这个不能这样说，目前这个产品之所以卖得好，是因为第 1 张图引起了买家的兴趣，买家才会愿意更深入地了解，所以第 1 张图必须打开包装微距拍摄。

（4）“加入购物车”比“立刻购买”点击要多很多，这说明来店铺买的人，大多数都会买多种食品，此时就要注意关联营销了，让来买的人买得更多。

图 4-79 爆款宝贝装修热力图分析

那么，如何让来买的人买得更多呢？又如何知道买这个产品的人多数又买了哪些产品呢？这个可以用数据魔方的热销宝贝分析看到，如图 4-80 所示。

“最近七天这件宝贝共卖出了 2623 件，买了这件宝贝的人还买了…”，这是数据魔方给的建议，我们在做关联营销时可以把这几个产品做一种或几种搭配套餐让买家去选择。

但是通过装修热力图（见图 4-81）可以看到，卖家可能没有注意到这个细节，而且自己随意搭配了几种套餐做关联营销。

图 4-80 数据魔方的热销宝贝分析

图 4-81 装修热力图分析关联营销

这样做关联营销是失败的，因为没有一个人点，主要存在以下几个问题。

（1）关联的产品之间没有关联性，买家不喜欢这种搭配。

（2）关联营销的表现形式让买家没有点击的欲望，设计有问题，没有突出套餐的优惠幅度。

关联做得如此失败，跳失率还那么低，那么浏览量是从哪里来的，又到哪里去了？这个可以通过浏览量来源去向图看到，如图 4-82 所示。

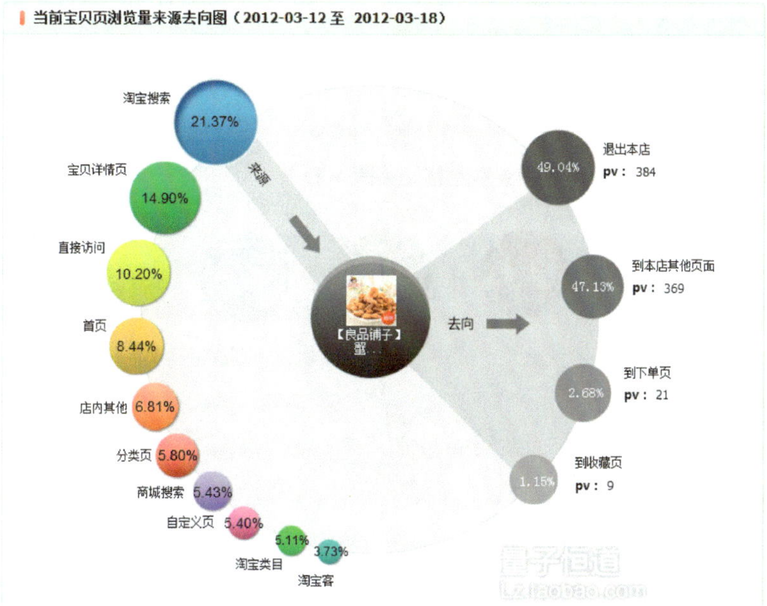

图 4-82　浏览量来源去向图

通过这个图可以更明确该宝贝的浏览量来源去向，对关联营销做出改进！

4.5　关联营销

关联营销的作用

井喷式涌入的流量是昙花一现，还是成长的基石？**关联销售才是定海神针！**

当我们通过各种方式引来大量流量时，这些流量能否有效地留住才是关键。如果引来的流量都被无效地分流出去了，又没有达成成交，那么浪费的不仅是引流所花费的金钱，更重要的是客户对我们产生了不好的认知。

所以我们常说，打爆款的客户价值大于爆款的利润价值！

做好关联销售的 2 大利好

1．绝不浪费每一个流量

尽可能多地创造销售机会，提升客单价，让活动也盈利。

2．品质奠定忠诚

尽可能多地留住消费者，促使其转化为长期、稳定的购买力量。

哪里会发生关联营销

- 顺着买家的购物流程来整理关联营销（见图 4-83）

图 4-83　购物流程

- 广告/店铺页面/宝贝介绍/评价
- 客服/包裹/商品广告单/产品说明书/短信/回访

关联销售的 2 个原则

1．黏合性

主次宝贝必须有紧密的、互补的、可联想的关联关系（见图 4-84）。

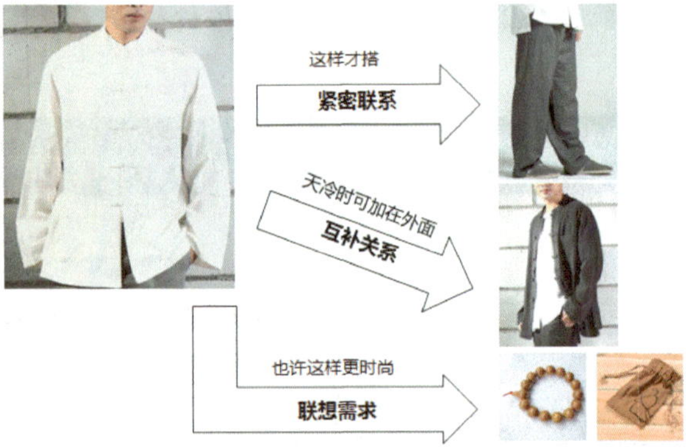

图 4-84　黏合性

这件上衣和下面这条裤子穿在一起才是绝配；如果是春秋季节，加上这个外套，可以解决在另一种气候条件下穿着的搭配问题；这套休闲唐装再配上佛珠和布袋就更时尚、更有文化韵味了。

黏合性宝贝的设计原则如下：

- 不可与主宝贝的类目有冲突。比如这件衣服再搭一个洗车用品，这完全是风马牛不相及的事。
- 能够催生消费者“这样才完美”、“它们是绝配”的心理变化。

2．价格区别

价格区别的原则如下：

- 次宝贝定价必须高于活动宝贝。如果要主推某一个爆款，则可以设计一个同类款放在爆款里，但价格比主推宝贝价格要高，这样买家对比后，还是觉得主推宝贝更划算。
- 套餐价必须能够让消费者认为“*N* 件购买更划算”。

上面的关联再做一个搭配套餐，这样既不冲突，又实惠，让客户觉得立马节省 280 元，这肯定没错（见图 4-85）。

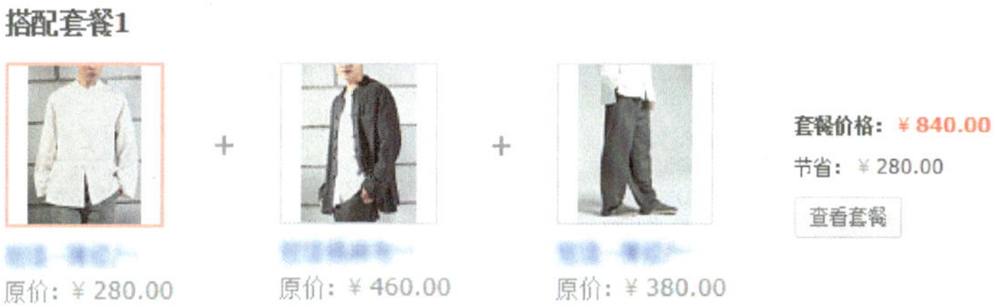

图 4-85　搭配套餐

关联营销的误区

（1）是不是所有商品的关联销售都相同？

肯定不是，很多卖家为了方便，把所有新品做成一个模板，放在所有宝贝描述页里面，这样给买家的感觉是很不好的（见图 4-86）。

图 4-86　千篇一律的关联营销

这种关联是强加式的，不管买家喜不喜欢，不管这些宝贝和主宝贝有没有关系，都放在一起是极其错误的！

（2）是不是所有活动的关联营销都一样？

肯定也不是，单次关联营销的目的是什么？清库存、换季做销售还是搭配做销量，根据目的的不同关联方式也是不同的。

不同的活动形式能达到不同的活动目标，不同的活动在规则上也会有所不同，我们把平时经常看到的各种促销活动形式进行了统计和归纳，使之变得一目了然，以便大家理解和记忆，如图 4-87 所示。

活动目标（营销假设）	活动形式（促销设计）	活动规则（怎么玩）
提高客单价	买就送 满就减 满就包邮 搭配套餐	1. 只要买 XXX，就送 XXX 2. 满 XX 元，立减 XX 元 3. 买满 XX 元免运费 4. 原价 XX 元，现价 XX 元，立省 XX 元
提高销售量	限时折扣 清仓/换季 季节/庆典促销 买赠活动	1. 在 X 日 X 时之前，可以享受 XX 元的优惠价 2. 全场 XXX 元 3. 活动期间，便宜 XX 元，还有 XXX 送 4. 买…送…
提高店铺黏性	收藏有奖/现金抵扣 推荐新顾客有奖 主题买家秀	1. 单击"收藏"按钮，就能 XXX 2. 推荐 X 个新顾客，就能得到 XXX 3. 想免费旅游吗？只要 XXX 就可以
回馈消费者	积分换购 包邮 红包/折扣券 新品促销/试用 抽奖/刮奖	1. 积满 XX，可以换购 XX 2. 现在购买不用付邮费 3. 买 XX 送红包/抵用券 4. 只要…就有机会… 5. 买满 XX 元，就有机会参加抽奖
最直接的促销公式=只要（商家利益/条件）**+就能**（消费者利益）**+ 还能**（附加值）		

图 4-87　不同活动的关联营销方式

关联营销应该放在什么位置

（1）页面的跳失率高，关联营销放在上面（见图 4-88 和图 4-89）。

图 4-88　高跳失率的宝贝

图 4-89　高跳失率宝贝的上关联

对于高跳失率的宝贝，与其让客户跳出去，不如让客户跳到爆款、镇店之宝等高转化率的宝贝上。

这样一来就形成了向爆款聚焦的购物路径！

（2）宝贝的转化率很高，上面放搭配套餐，下面或中间放同类产品推荐，甚至不放（见图 4-90）。

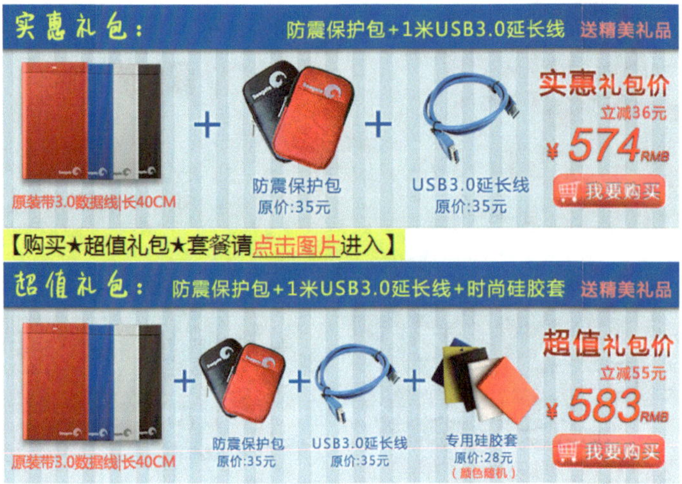

图 4-90　高转化率的宝贝

高转化率的宝贝上面放搭配套餐有助于提升客单价，同时还可拉动其他爆款。下面是红桃 K 中的一个爆款，它的上面就做了多种搭配套餐（见图 4-91）。

图 4-91　红桃 K 的爆款上关联——搭配套餐

（3）将关联营销放在上面、中间还是下面一概而论的做法是极其错误的，这个要用数据说话。

关联营销展现的 4 种形式

1. 搭配建议型（见图 4-92）

搭配建议型关联营销遵守的准则如下：

- 关联宝贝必须符合紧密联系，且能够第一时间联想到的原则。
- 着眼于消费者应季的需求，催生需求愿望。

图 4-92　搭配建议型关联营销

买两件花一件的钱，蕾丝吊带背心+雪纺外衫，这两件衣服应该绝配，而且很应季。搭配建议型关联营销，一般会配合满就减活动（见图 4-93）。

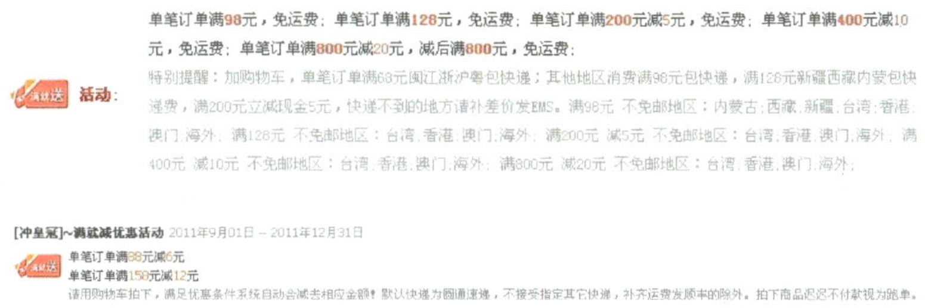

图 4-93　满就减活动

2. 差异化型（见图 4-94）

差异化型关联营销遵守的准则如下：

- 关联宝贝必须互补。
- 关联宝贝能满足多场景选择。

想瘦得更快？您还需要……和左旋肉碱形成互补关系。

图 4-94　差异化型关联营销

3．买送型（见图 4-95）

买送型关联营销遵守的准则如下：

- 利益点必须放大突出。
- 所送宝贝的品质必须等于或优于活动宝贝。

图 4-95　买送型关联营销

“立省 99 元包邮”被突出，所送宝贝的品质等于活动宝贝，既然买家需要这个宝贝，卖家就再送一瓶。如果卖家送的不是买家想要的，他不会感兴趣，同时也可能会觉得是累赘！曾经有一个女装卖家，想把清仓的衣服拿来做活动送出去，结果很多买家说：我只要卖的这件，送的不要，要么减价，要么我不要。弄得卖家左右为难，这样的情况还不止一家！

4．引导推荐型（见图 4-96 和图 4-97）

引导推荐型关联营销遵守的准则如下：

- 必须与主宝贝的功能互补。
- 在互补的基础上，能够提升功能属性。

图 4-96　引导推荐型关联营销①

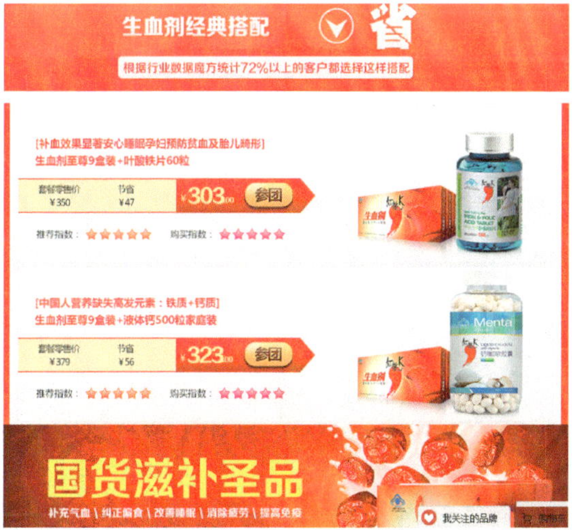

图 4-97　引导推荐型关联营销②

根据数据魔方统计，72%以上的客户都选择这样的搭配。

我想做关联营销，如何入手

（1）选择关联商品从以下几个方面考虑。

- 利润。
- 研究消费者的需要，通过数据魔方研究消费者的购买需求（见图 4-98）。

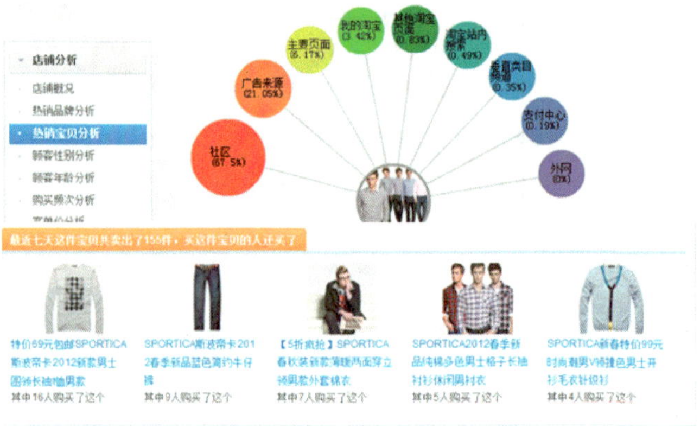

图 4-98　研究消费者的需要

- 行业经验。
- 价格范围。
- 客户调研，通过数据魔方分析顾客购买细分行业（见图 4-99）。

浏览此宝贝的人，当天未购买此类宝贝，而买了其它类型的宝贝的顾客有80人，以下是购买的细分行业

顾客购买细分行业

每页显示 10 条　　搜索：

序号	细分行业	成交金额(¥)	成交占比	成交人数	商品平均价格	客单价
1	消毒柜	1,348	8.49%	2	674	674
2	哺乳文胸	862	5.43%	13	45	66
3	婴幼儿奶粉	800	5.04%	2	400	400
4	束腹带	677	4.26%	6	113	112
5	湿巾	491	3.09%	10	45	49
6	奶瓶	434	2.73%	8	48	54
7	纸尿裤/拉拉裤/纸尿片	415	2.61%	4	104	103
8	吸尘器	400	2.52%	1	400	400
9	婴儿床/儿童床	398	2.51%	1	398	398
10	中国移动充值卡	355	2.24%	6	59	59

1 - 10 / 154 条　　首页 上一页 1 2 3 ... 16 下一页 末页

图 4-99　通过数据魔方分析顾客购买细分行业

（2）确定关联商品的卖点。

从功能性、季节性、羊群效应等多方面分析所关联商品的卖点（见图 4-100）。

图 4-100　关联商品的卖点体现

（3）哪些人应该知道？

如果做好了关联，公司的运营、设计、客服等人员必须知道，而且要有相应的 KPI 考核。

数据验证关联效果

（1）通过装修热力图看关联效果（见图 4-101）。

图 4-101　通过装修热力图看关联效果

这是装修热力图截图，有点击的地方会变成红色的点，可以看出没有一个人点击！这肯定是一个失败的关联营销案例！

（2）通过量子恒道的“实时客户访问”跟踪买家的购物路径，来看关联营销的效果（见图 4-102）。

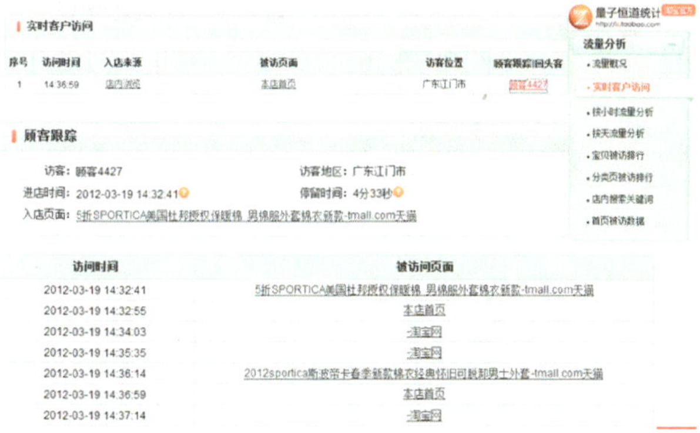

图 4-102　实时客户访问数据

（3）看最后的关联销量结果。如图 4-103 所示为一个聚划算活动关联成功的案例。

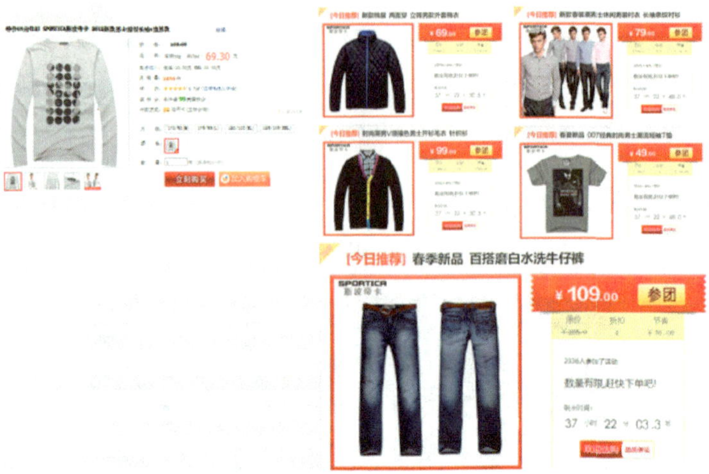

图 4-103　聚划算关联营销

前期分析准备工作这里就不再说了，下面是关联营销的效果（见图 4-104）。

图 4-104　关联营销的效果

我相信，这样的结果是令人满意的！

关联营销总结

关联营销就是规划店铺购物路径，宗旨是往 UV 价值高的产品上引流量！

4.6 问题宝贝

问题宝贝分类

（1）高转化、低流量。

此类宝贝比较好办，这是有爆款潜力的宝贝，想办法从店内、店外给它引流就好。

（2）低转化、低流量。

此类宝贝在店内的碎片化流量一般用来引流，在宝贝的上面放关联宝贝，向 UV 价值高的宝贝引流。

（3）高流量、低转化。

此类宝贝要重点关注，先看此款的供应链有没有问题，如果没有问题，就要优化宝贝描述；如果有问题，就把它作为引流款，向 UV 价值高的产品引流。

如何找问题宝贝

将宝贝按销量和浏览量降序排列，前面没有交叉的部分就属于第 3 类问题宝贝（见图 4-105）。第 1、2 类问题宝贝这里不做重点解释。

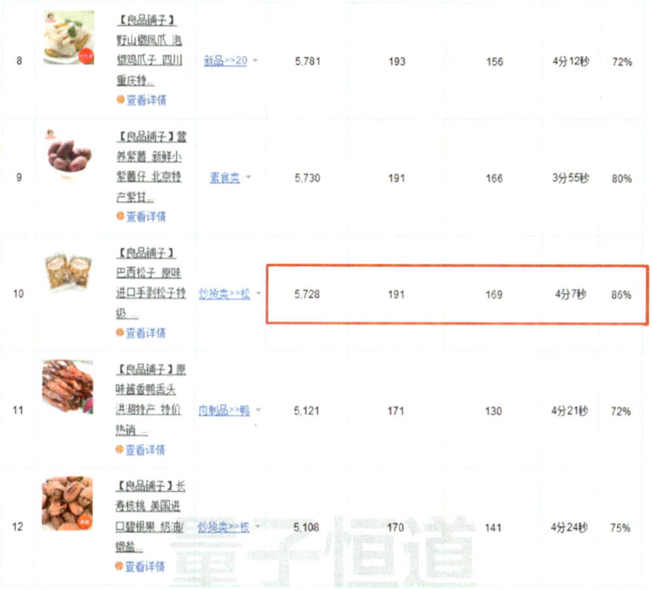

8	【良品铺子】野山椒凤爪 泡椒鸡爪子 四川重庆特... 查看详情	新品>>20	5,781	193	156	4分12秒	72%
9	【良品铺子】营养紫薯 新鲜小紫薯仔 北京特产紫甘... 查看详情	素食类	5,730	191	166	3分55秒	80%
10	【良品铺子】巴西松子 原味进口手剥松子特级 ... 查看详情	炒货类>>松	5,728	191	169	4分7秒	86%
11	【良品铺子】原味酱香鸭舌头 洪湖特产 特价热销 ... 查看详情	肉制品>>鸭	5,121	171	130	4分21秒	72%
12	【良品铺子】长寿核桃 美国进口碧根果 奶油/椒盐... 查看详情	炒货类>>核	5,108	170	141	4分24秒	75%

图 4-105　按浏览量降序排列的宝贝

按浏览量排序此宝贝排在前 10 名，一天的 PV（访问量）为 5728，跳失率却高达 86%，这肯定是一个问题宝贝。

问题宝贝分析

我们分析一下，看它为什么会有这么高的流量（见图 4-106）。

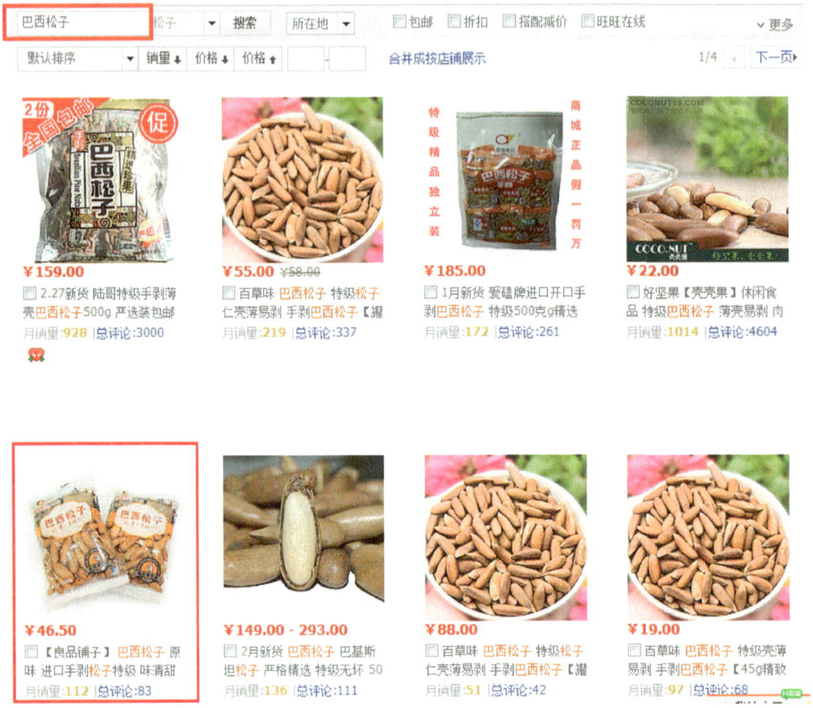

图 4-106　流量来源分析

在淘宝网上搜索“巴西松子”，发现这个宝贝排在第 1 页第 2 排的第 1 位置，这个位置很好，所以一天有如此高的流量很正常。

再来看它的跳失率为什么这么高。我一般会看评价（见图 4-107），因为来自买家的评价才能反映最真实的问题。

大部分买家反馈的情况是，太贵了！是不是真的贵呢？（见图 4-108）

图 4-107　客户评价

图 4-108　宝贝描述头部

这个宝贝 258 元/500g，别人的宝贝是 159 元/500g，每 500g 贵 99 元！是不是商品贵了就卖不动了呢？也不一定，这要看宝贝描述中有没有将贵的理由讲出来。下面我们看看这个宝贝描述还有没有优化的空间？（见图 4-109）

图 4–109 宝贝描述内容

这就是宝贝描述内容，可以看出卖家根本没有用心去做，没有将宝贝的价值和非使用价值描述出来，也没有根据我们前面讲过的爆款宝贝描述的逻辑顺序去梳理宝贝描述内容。

其实做好这个宝贝描述也不难，通过数据魔方可以看到这类宝贝的买家去哪里买了，买了谁的（见图 4-110）。

图 4–110 顾客在其他店购买的此类宝贝

看看竞争对手是怎么做的，找出对方的劣势，分析自己的优势，再根据前面的方法把宝贝方案好好梳理一下，一定可以做出一个优秀的宝贝描述。

对于这种高流量、低转化的宝贝，以及店铺里很多的 0 成交宝贝，在做好宝贝优化之前要做好一件事，就是将店铺里的成交转化率高 、UV 价值高的产品与这样的宝贝做交叉推荐，这样做至少可以让来的流量尽可能少流失。

4.7 分类页设计因素

分类页需要关注的指标

- PV。
- UV。
- 出店率。
- 分类页到宝贝页、分类页的点击率。

只有 PV、UV 达到一定数量级别，看出店率和分类页到宝贝页、分类页的点击率才有意义。

在这些数据里，分类页到宝贝页、分类页的点击率是最关键的，因为分类页也是一个导航页，我的建议是将分类页当成首页一样来设计，至少在每个分类页中要有一张海报，用来推荐目前店铺里该类目下最受欢迎的产品，而且所推荐的宝贝要一定是买家真正喜欢的，而不要推荐那些卖得不好的产品。

分类页数据分析

这里我们重点关注高流量的分类页，在量子恒道里可以看到“分类页被访排行”（见图 4-111）。

分类页被访排行　下载　打印

选择时间段：2012-02-19 到 2012-03-19 查看 快速选择：今天 昨天 前天 最近7天 最近30天 本周 上周 本月 上月

输入分类名： 查询

2012-02-19 到 2012-03-19数据

分类页名称	浏览量(PV)	浏览量日均值(PV)	访客数日均值(UV)
糖果类	4,828	161	140
红枣类	4,493	150	129
糕点类	3,590	120	105
热销	2,989	100	60
素食类	2,984	99	86
宝贝列表页	2,292	76	39
肉制品	2,149	72	43
促销	2,125	71	63
牛肉系列	2,099	70	62

图 4-111　分类页被访排行

目前这个类目的流量是第一的，那这个分类页的设计又如何呢？（见图 4-112）

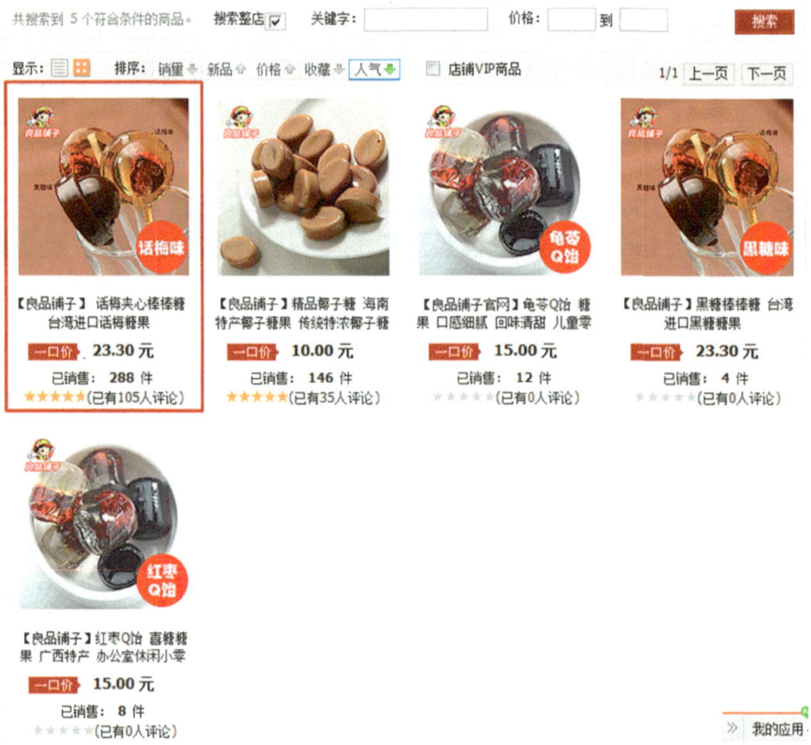

图 4-112 分类页设计

可以看出基本没有设计。再来看看此分类下热卖产品的流量、评价、描述情况（见图 4-113、图 4-114 和图 4-115）。

22		【良品铺子】话梅夹心棒棒糖 黄晶球/黑糖 台湾原...	糖果类	3,531	118	102	3分46秒	82%

图 4-113 流量情况

流量还挺高的！

这个太甜了。不是小时的记忆。

[03.13]

棒棒糖太好吃了，而且中间有话梅 甜甜的感觉中有话梅的酸酸味道 太正了，呵呵可惜买少了咧

[03.12]

不得不说，这是我在淘宝最失望的的一次购物~希望各位别买这家的黑糖棒棒糖

[03.12]

伤心了 本来就是冲着黑糖去的 结果收到了一包都是黄糖 您给我两根黑的也行呐 一根都没有整包都是黄糖！唉。。。

[03.12]

是记忆中的味道，不错。就是没有送小礼物55555

[03.11]

是两种的，之前看网上评价还怕只发黑糖，结果俩种都有，不错

[03.10]

真的真的是很满意，东西好吃质量很好，下次还来你家

[03.08]

想要两种颜色的却发一种颜色的，不过糖的味道还不错，还要谢谢你的小礼物

[03.04]

图 4-114　评价情况

评价不怎么好，从评价中也可以看出店铺管理上也出现了问题！

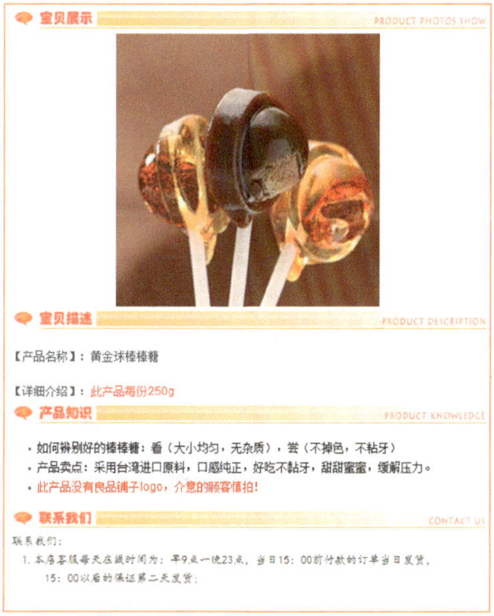

图 4-115　描述情况

描述就这么多内容，看来描述也有问题！

从这个高流量的分类页引入的流量，引出店铺里一系列问题，这样将店铺的短处暴露无遗。前面说过店铺装修要“隐恶扬善”，也就是说，把不好的隐藏起来，把好的发扬光大！

分类页设计

要为每个分类页设计主推宝贝，可以用数据魔方分析行业热销宝贝（见图 4-116）。

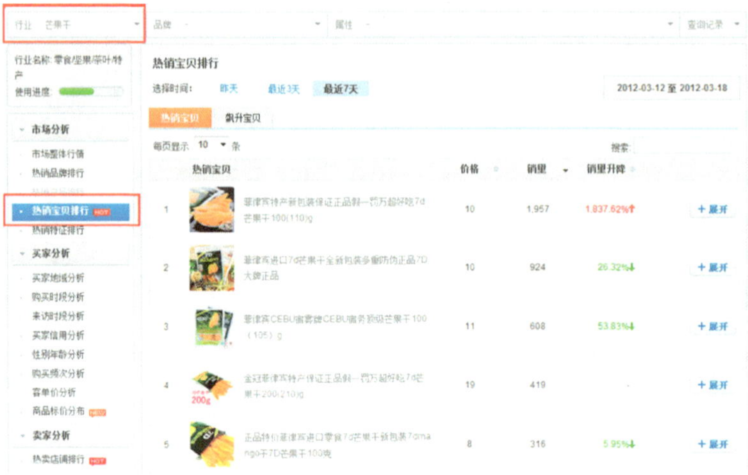

图 4-116　数据魔方热销宝贝排行分析

当然，这个行业热销宝贝要与店铺的热销宝贝重叠才行，然后在每个分类页中设计该类目下的主推宝贝的促销海报（见图 4-117、图 4-118 和图 4-119）。

图 4-117　改版后的分类页 1

图 4-118　改版后的分类页 2

图 4-119　改版后的分类页 3

把本店 UV 价值最高和行业热销交叉的产品，在这里分别推荐！

分类页设计总结

分类页设计也是在规划店铺购物路径！

请重新规划你的店铺购物路径！

4.8 影响转化率指标分析流程

通过前面章节的学习，这里我帮大家整理一套影响转化率指标分析流程。

分析

（1）通过数据魔方看同行业转化率。

（2）通过量子恒道看自己店铺的全店转化率，以及和同行业比较。

找原因

1．用装修热力图分析店铺页面装修因素

（1）首页：用量子恒道查看首页被访数据（PV/UV、跳失率、出店率、首页到宝贝页和分类页的点击率），再用装修热力图分析以下内容。

- 店招。
- 导航。
- 促销图。
- 分类导航。
- 搜索。
- 宝贝陈列。

（2）宝贝页：用量子恒道关注 PV/UV、跳失率、出店率、宝贝页的收藏率、购物车使用率、成交转化率，再用装修热力图分析以下内容。

- 查看买家对细节图、产品信息的关注度。
- 关联营销：用“当前宝贝页浏览量来源去向图”指导修改关联营销。
- 查看宝贝详情各版块的关注度，及时调整摆放顺序。
- 是否设置了进入其他页的通道。

（3）分类页：主要关注的数据指标如下。

- PV。
- UV。
- 出店率。
- 分类页到宝贝页的点击率。

（4）自定义页：主要关注的数据指标如下。

- PV。
- UV。
- 跳失率。
- 自定义页到宝贝页的点击率。

（5）搜索页：主要关注的数据指标如下。

- 关键词的搜索次数及访客数。
- 关键词的出店率。
- 关键词到宝贝页的点击率。

2. 问题宝贝因素

用量子恒道查看热销宝贝。

（1）按照“宝贝页访客数”查看本店的热访宝贝。

- 成交转化率高，推爆款或引流。
- 成交转化率低，做好交叉推荐。

（2）按照“支付宝成交件数”查看本店的热访宝贝。

- 热访、热销的宝贝交叉推荐。
- 热访但不热销的宝贝就是问题宝贝，需要重点分析。
- 不热访但热销的宝贝也是重点关注对象。

（3）用数据魔方查看流失顾客去向。

- 分析竞争对手。
- 优化宝贝描述。
- 优化前后对比。

3. 自然流量因素

（1）把淘宝搜索关键词按浏览量从高到低排列。

（2）找出“跳失率”低的词，查看该词是否在推广。

- 已在推广的，适当提价，增加曝光量。
- 未推广的，加入推广。

（3）找出“跳失率”高的词，检查该词的页面匹配情况。

- 页面宝贝很匹配，分析原因，如价格/文案/描述/图片/品牌/成交记录/信誉等。
- 不匹配，则说明客户进入后没有找到对应的商品，应调整页面内容。

4．付费流量因素

（1）查看直通车关键词报表，按展现量排序。

（2）比较展现量、点击率、转化率，进行广告调整。

- 转化率高：加大推广力度。
- 转化率低：分析广告创意和宝贝页面的匹配情况。
- 展现量高，点击率低：广告创意不够吸引人，或价格无优势。
- 展现量低：推广词过偏，更换推广词。

5．分类页设计因素

（1）用量子恒道查看分类页被访排行（按出店人数排序）。

（2）找出出店率较高的分类页。

（3）对有问题的分类页进行优化。

6．访客来源对转化率的细分

（1）淘宝搜索。

（2）硬广。

（3）淘宝客。

（4）淘宝活动。

（5）其他。

7．访客地区对成交转化率的细分

根据访客地区对产品做有针对性的广告投放。

8．新老客户的成交转化率差异

有针对性地开发新老客户产品。

9．静默转化率

（1）提高售后保障。

（2）鼓励老客户直接下单。

10．旺旺咨询转化率

- 基本技能。

- 客户识别。
- 商品关联。
- 客户备注。
- 催付。

11. 订单支付率

- 客服进行必要的催付。
- 在客户未付款一天后进行短信提醒。

第 5 章

营销视觉

5.1 营销视觉概述

营销视觉，主要考核的是点击率！

在这个信息爆炸的时代，我们会经常被各种各样的广告包围着，走在大街上、打开电脑和电视等，到处都有广告，想不看都不行！在这些广告中我们又能记住谁呢？如何能够让客户记住你呢？这就是营销视觉要考虑的问题（见图 5-1）！

图 5-1　信息爆炸时代

点击率直接影响卖家的生死！

有这么严重吗？

肯定有！

接下来我们看一个案例，这是 2011 年淘宝首页焦点图及其数据（见图 5-2）。

图 5-2　2011 年淘宝首页焦点图及其数据

这两个淘宝首页焦点图的展现量是差不多的，广告费用也一样，这里按 10 万元/天计算，把转化率（2%）和每单利润（50 元）也都假设为一样的情况下，点击率的高低将直接影响到盈亏！

第一个焦点图，320000×2%×50–100000=210000 元，盈利 21 万元。

第二个焦点图，7000×2%×50–100000=–93000 元，亏损 9.3 万元。

所以说，点击率直接影响到卖家的生死，第一个上天堂，第二个下地狱（见图 5-3）。

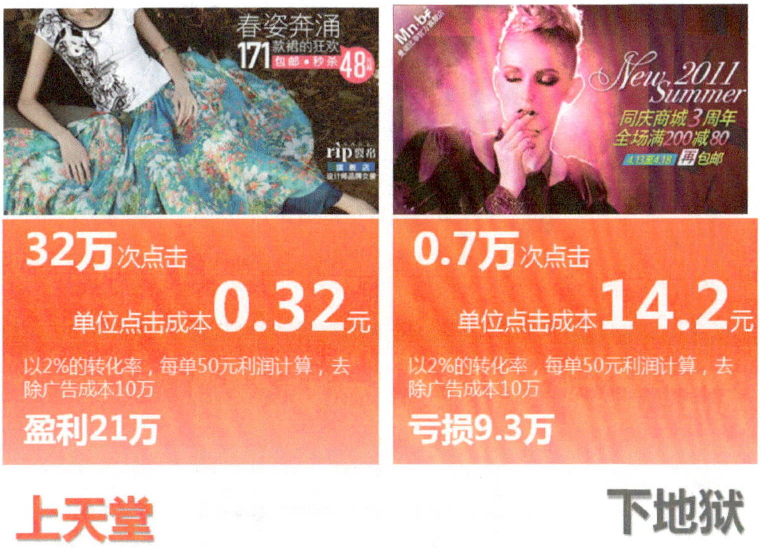

图 5-3　好广告上天堂，坏广告下地狱

有什么方法能让广告图像草船借箭那样成为众矢之的呢？

5.2 促销广告设计的标准

什么样的设计容易被点击？好的设计意味着什么？

好的设计尽管看起来千差万别，但内在规律却很一致（见图 5-4）。

图 5-4 好的设计

促销广告设计的共同标准是：

- 主题突出。
- 风格统一。
- 目标明确。
- 形式美观。

好的设计正是严格遵循了这些标准！

第一：主题突出

主题就是要让消费者知道你想干什么，应该将主题放在整个图片的第一视觉中心点上！主题的提炼应该简洁、高效、单刀直入。

促销的过程就像一次陈述，必须有一个明确的主题，所有的元素都必须围绕着这个主题展开。

促销的主题一般是价格、折扣和其他促销内容本身，所以这个信息应该放在视觉焦点上，是被突出和放大的元素（见图 5-5）。

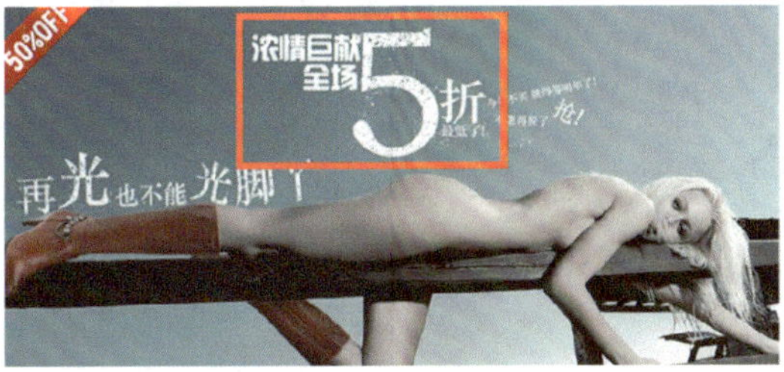

图 5–5　促销的主题一般是价格和折扣

以下是主题突出的几个案例。

主题：信任状 + 买就送（见图 5-6）

图 5–6　信任状 + 买就送

信任状“全网超过 102 万的好口碑”，其实是一个非常好的营销利器，大品牌或成熟品牌要善于运用信任状。

主题：佳洁士聚划算（见图 5-7）

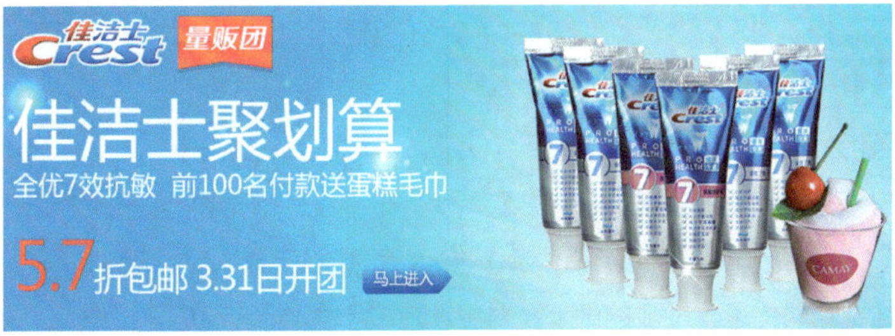

图 5–7　佳洁士聚划算

该主题占据第一视觉中心点，5.7 折包邮再强化营销主题。

主题：39 劲爆折扣（见图 5-8）

图 5–8　39 劲爆折扣

这是要向消费者最直接传达促销力度之大的主题。

主题：全场 5 折封顶（见图 5-9）

图 5–9　全场 5 折封顶

该主题占据第一视觉中心点。

通过形式强化主题，形式不可大于内容（见图 5-10）。

更大的面积、更粗的字体和高对比色是基本的强化手段！图 5-10 上面的促销图片主题突出：7 折+包邮。这对于一个基础美工来说都可以很快做出来。

过多的修饰会减弱传达，过多的细节会对主题造成干扰！图 5-10 下面的促销图片让人看不明白，不知道是卖什么的，有人甚至觉得是卖电影票的。这种美工不把 Photoshop 里的功能用完就觉得对不起制作这个软件的人。

图 5-10　形式不可大于内容

多主题表达要分清主次关系（见图 5-11）。

图 5-11　多主题表达要分清主次关系

不同等级的多主题表达，要分清主次关系，把次要信息降到第二层级，避免平均分配造成主要信息弱化。

第二：风格统一

简单地说，风格就是表里如一，切忌挂羊头卖狗肉。

风格：裂帛的民族风（见图 5-12）

图 5-12　裂帛的民族风

模特的选择、字体的搭配、场景的选择一定要有民族特色。

风格：突出彩妆带来的靓丽（见图 5-13）

图 5-13　靓丽的风格

黄色的底色、靓丽的模特、自信的字体都是为了凸显彩妆带给女士的靓丽和自信。

风格：突出不一般的品质感（见图 5-14）

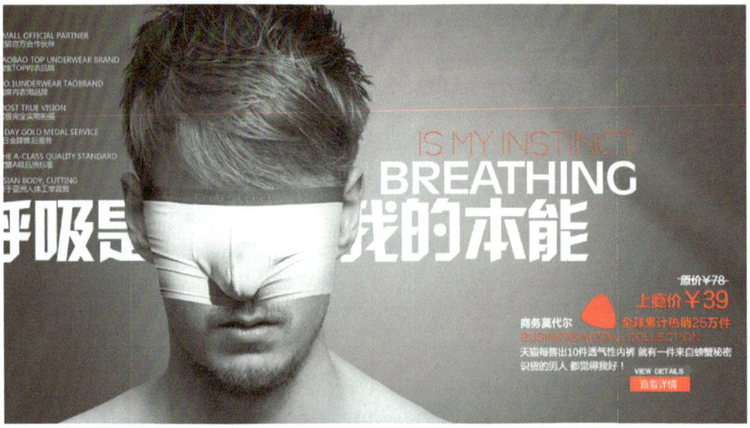

图 5-14　突出不一般的品质感

运用夸张的创意图将产品的透气性、品质感、酷酷的心理特点凸显得一览无余。

风格：突出毕业生的朝气和活力（见图 5-15）

毕业生给人一种青春活泼的感觉，所以选择亮丽的黄色作为底色，同时运用字体的也很醒目。

风格：突出潮流、品味之感（见图 5-16）

背景略带破旧感的灰色既带来了潮流感，又很好地衬托了模特图片。

图 5-15　突出毕业生的朝气和活力

图 5-16　突出潮流、品味之感

第三：目标明确

模特应该符合产品适用人群的特征。

面向中老年的服装，字体和色彩都庄重、大气（见图 5-17）。

图 5-17　面向中老年的服装

面向女生的服装，字体和色彩都活泼、可爱（见图 5-18）。

图 5-18　面向女生的服装

模特除了应与目标人群的特征吻合外，也要和产品的特点吻合，让消费者把自己想象成画面上的模特（见图 5-19）。

图 5-19　投射效应

针对老客户的广告，个性化的形式元素重复使用会吸引新客户的目光，更会帮助老客户快速识别，因为老客户会简化识别过程（见图 5-20 和图 5-21）。

图 5-20　妖精的口袋促销图

妖精的口袋模特特有的装扮——帽子、黄头发让老客户能更快地识别。

图 5-21　茵曼促销图

茵曼模特的大辫子让老客户一看便知。

第四：形式美观

形式美观这个概念很大，很多老板经常这样要求美工："图片设计要简洁、大气、美观!"每当听到这样的要求时，美工都很郁闷，如何才能表现出简洁、大气、美观呢？总结：可以从以下几点去衡量。

1. 色彩

不论是在平面设计、三维设计还是网页设计中，色彩永远都是最重要的一环。在看一家店铺时，最先吸引我们眼球的是它的色彩布局和搭配，然后才会去看它的细节和文字。

对色彩的第一个要求是，色彩要统一，也就是要有主色调，有了主色调整个画面就有了基调，在这个基调下，即使图稍微有些变化，也不会显得太乱。

色彩基调产生色彩情感，而色彩对比可以增加画面空间感（见图 5-22）。

图 5-22　以红色为基调的促销图

在这个基调下找到对比色，对比是基本的强化手段，图 5-22 中的黄色文字就是要重点突出的主题。

衬底色块是最简单的明度对比方式（见图 5-23）。

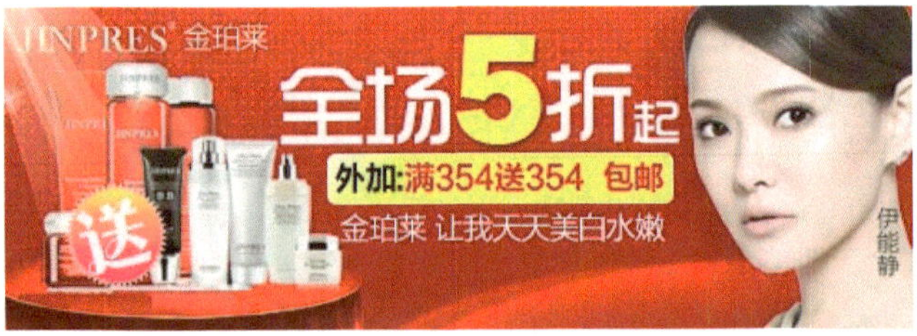

图 5-23 衬底色块

如何让画面看起来不是很凌乱？最基本的方法就是在画面里面找颜色（见图 5-24）。

图 5-24 在画面中取色

这是御泥坊曾经的一个爆款，整个画面色彩统一，“1 瓶搞定”是取水的颜色，LOGO 和瓶贴的颜色一致。

为了避免颜色乱，可以在图片上面取颜色，这样配色就会呼应和统一。

色调统一的画面给人以强烈的品质感、品牌感，点击率也会不一样（见图 5-25）。

点击率2.21%

点击率2.01%

图 5-25 色调统一

如果基调和品牌颜色不统一，就会让人对产品产生怀疑，从而点击率也可能下降（见图 5-26）。

图 5-26　色调不统一

相宜本草的品牌颜色是绿色，在这个促销图中用了大面积的粉红色，一下子就将整个画面的品质拉低了。

简单的控制色彩的方法是用色不超过 3 种，并按照主色：辅色：对比色=6：3：1 的比例配置（见图 5-27）。

图 5-27　红桃 K 的色彩配比

红桃 K 的主色取产品的包装色红色，辅色为黑色，对比色是黄色和白色。

2．字体

将字体比喻成语音，字体的大小、粗细相当于音强，字体越大相当于声音越大（见图 5-28）。

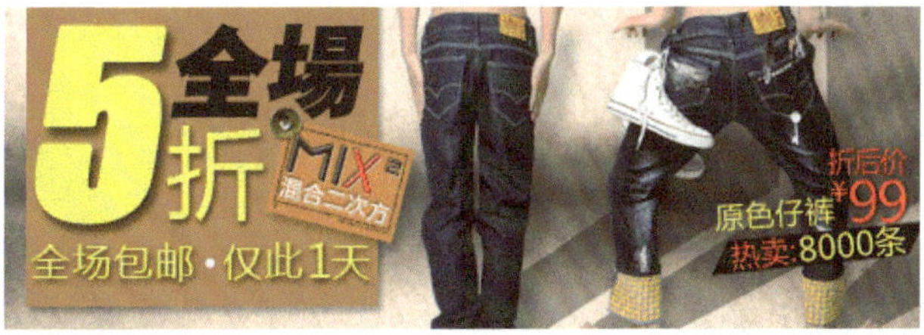

图 5-28　将字体比喻成语音

“全场 5 折”，我们读这段文案时，会自动将“5”的声音放大。

字体的形式相当于音色，是男低音还是女高音（见图 5-29）。

图 5-29　将字体的形式比喻成音色

巧妙的字体组合可以制造和弦效果（见图 5-30）。

图 5-30　字体和弦效果

3．标签

简洁、明快的标签更加醒目（见图 5-31）。

图 5-31　简洁、明快的标签

增加文化暗示的标签，对品牌起到提示作用（见图 5-32）。

图 5-32　增加文化暗示的标签

这个薰衣草花田是阿芙特有的，老客户一看就能知道是他们家的广告。

4．引导

就像兔子在狗面前奔跑会勾起狗的狩猎天性一样，明确的按钮和箭头都会对买家产生不可低估的心理暗示（见图 5-33）。

图 5-33　引导标签

按照视觉营销的一般浏览习惯，人们是从左向右、从上往下看的，所以引导按钮应该放在右下角，这里正是浏览者目光的落脚点。

5．气氛

在商场里面买首饰时，在柜台里面看着首饰很舒服，拿回家以后看就没有在商场里面看着好看，知道是什么原因吗？这是因为柜台里面的灯光用得很多，灯光效果起到了一定的作用。

晚上走在大街上时，发现有些店铺会用很亮的灯，隔着玻璃看得到里面很亮，这种明亮的光线会对人起到一种魔幻般的召集作用。除了光，还有声音，也可以吸引人的注意力。

所以在营造热销的气氛时，可增加光感。大家看下面 3 个图，从无背景光，到有很多背景光的变化过程，画面由暗变饱满，然后再增加一些灯光，整个画面就营造出一种非常热闹的气氛（见图 5-34）。

图 5-34 用灯光营造热闹的气氛

记住设计大师设计的名言：上帝在细节之中！

可以通过限时、限量等方式来营造紧张的气氛（见图 5-35）。

图 5-35 营造紧张的气氛

6．对比和夸张

也许你的一款产品有多种颜色，那么你最好不要把所有颜色都放一样重要的位置，应该将一个卖得好的颜色的产品放大突出，和其他颜色形成对比（见图 5-36）。

图 5-36　大小对比

右边的鞋子和左边的鞋子形成了很大的对比，如果在整个画面中将 3 双鞋放同样的比例，那么肯定没有这种冲击力强。另外，如果你的产品有一部分细节，对买家起到了很好的吸引作用，那么我们也可以只把这一部分放大，其他部分我们可以不放，让消费者去联想。

7．取舍

任何的创意过程都是先做加法再做减法的过程。

能否“舍”决定了能否“得”！

中国语言文字艺术是富有哲理的，“舍得”，先舍后得；“得失”，先得后失！

在众多的广告图片中，如何让浏览者一眼就能看懂你的文字，并且切中买家的要害，让他能够记住你？这就需要精简、精简、再精简！

能用一个字表现的，绝对不用两个字；能用两个字表现的，绝对不用三个字。

产品也是一样，也许你有一款衣服有很多颜色，但也只能突出一种卖得最好的颜色，而不能将所有的颜色都放在一样重要的位置，记住：重点多了就没有了重点！

见图 5-37，过多的元素产生的干扰。

图 5-37　过多的元素产生的干扰

8．修图

修图的第一步是调整整体色温和重新取景以突出重点（见图 5-38）。

修图前　　修图后

图 5-38　修图

调整整体色温和重新取景后，产品看起来更加有品质感。

光影是修图必须考虑的要素；在图片合成过程中一定要注意光的方向和色温（见图 5-39）。

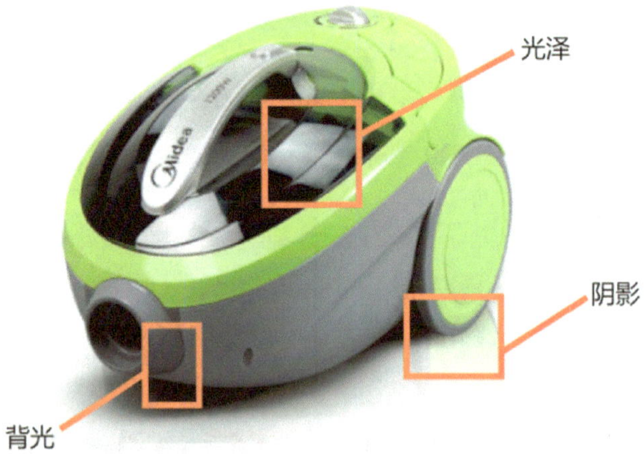

图 5-39　光的方向和色温

根据光的方向设置高光、亮光、反光以及阴影，这样画面看起来才有质感和空间感。

在修图的过程中要注意很多细节，比如抠图的锯齿、和背景的融合、倒影等（见图 5-40 和图 5-41）。

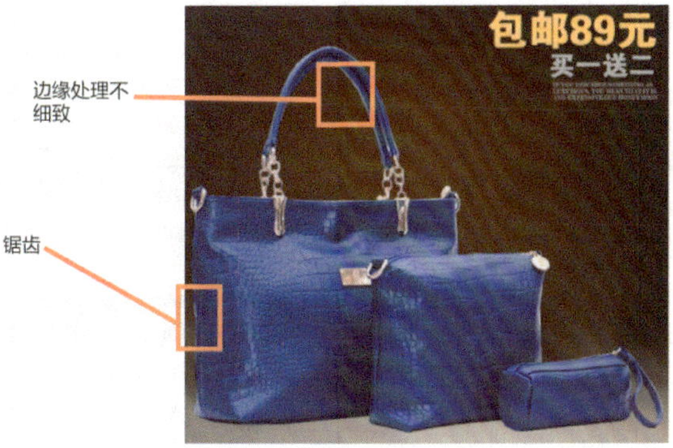

图 5-40　背景的融合问题

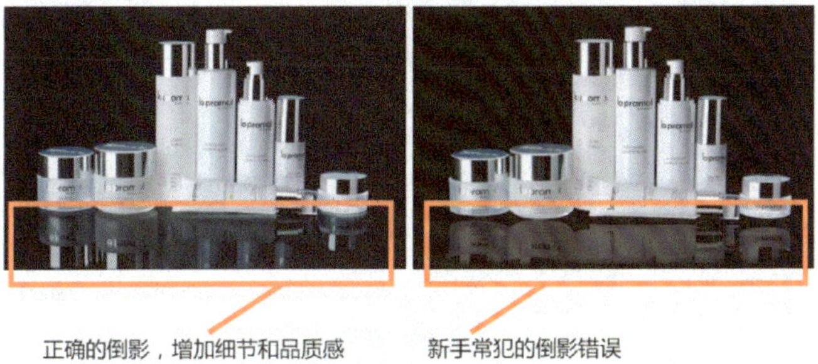

图 5-41　倒影问题

9．构图

构图的方法有很多种，这里归纳一些供大家参考。

（1）平衡——画面的平衡感取决于各元素的“视觉重量”。

见图 5-42，这个画面是左轻右重。如何取得平衡呢？在左边增加砝码（见图 5-43）。

图 5-42　不平衡的画面

图 5-43　平衡的画面

淘宝的大部分促销图都是横向的，为了迎合这种布局，不妨横拍（见图 5-44）。

图 5-44　横拍

（2）势能——对平衡的有意识破坏，以增加注意力。

- 动态势能（见图 5-45）

图 5-45　动态势能

撕开的纸产生动态势能，人们会顺着纸撕开的方向把所有的信息一并看完！

- 静态势能（见图 5-46）

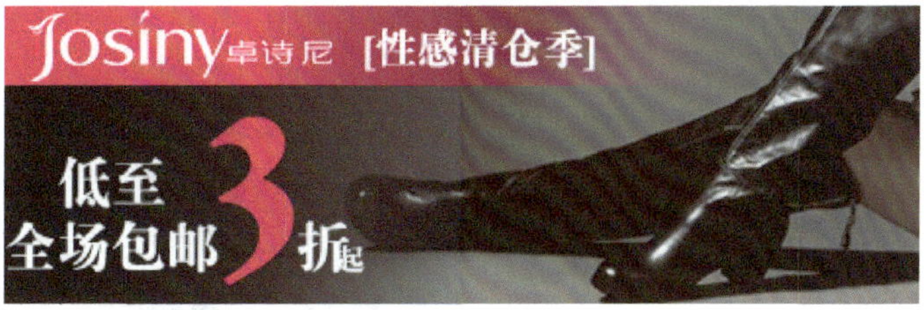

图 5-46　静态势能

交叉倾斜放置的一双靴子产生静态势能！

如果将这双靴子放直了，那么靴子就不可能看到这么多的细节，而且也不能这么既全面地展示了细节，又展示了全貌，这样整个画面就平衡了。而且这样一放，主题文字就显得更大、更突出了！

（3）集群——人们总是把位置靠得近的看成一体。

把关联性高的信息组合在一起成为集群，便于信息传达，但应避免主要信息分散布局（见图 5-47）。

图 5-47　集群

图 5-47 上图的促销文案就很聚集，而下图的促销方案就很分散，不利于一次性读完。

（4）间隙——空白空间是画面语言的标点符号。

我们在写字时不会顶边写，总会在上下左右留空白，留白的画面可以让我们感觉有透透气的机会。在文字排版时，段间距必须大于行间距，信息版块之间要有明确的间隔空间，主要内容和图片外框间要有版心概念，画面要有 30%以上留白（见图 5-48）。

图 5-48 间隙

（5）构图常用的方法，有如下 6 种。

- 构图方法一：图片文案两边分（见图 5-49）。

图 5-49 图片文案两边分构图

这是最便捷也是最不容易犯错的构图方法，就是把图片文字各放一边，但在文案排版上一定要突出中心点。

- 构图方法二：3-7 开（见图 5-50）。

图片和文字左右 3-7 开，是非常舒服的视觉比例，且整体画面具有很强的层次感和节奏感。

图 5-50　3-7 开构图

- 构图方法三：左-右-左（见图 5-51）。

图 5-51　左-右-左构图

图片以不同的大小和位置摆放，形成空间感和左-右-左的层次感、节奏感。

- 构图方法四：斜切式（见图 5-52）。

图 5-52　斜切式构图

斜切式构图能让整个画面充满非常强的张力，可以让主体和需要表达的核心内容更醒目地传达。

- 构图方法五：极端构图（见图 5-53）。

图 5-53　极端构图

将文字或图形的某一个元素极端放大，然后整个画面的走向围绕此元素。

- 构图方法六：黄金分割法（见图 5-54）。

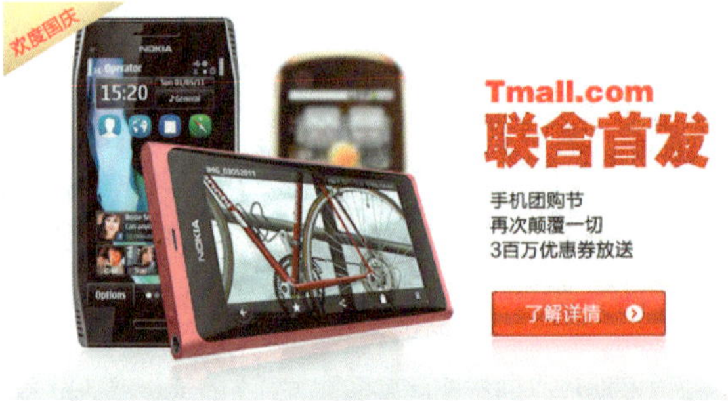

图 5-54　黄金分割法构图

将图片或文字放在横向或纵向 1：0.618 的位置。

5.3　促销广告设计实施步骤

建立标准

设计师如何快速理解设计任务，高效准确地完成设计？要建立标准！

把促销图片设计规划定出来，比如布局构图、文案、字体、颜色都统一标准，这样做出来的促销图片风格统一，品牌感十足。下面看一个案例（见图 5-55）。

有了标准后，再定出每个促销图片的文案（见图 5-56）。

图 5-55　促销图片布局

文案：
产品
http://item.taobao.com/item.htm?id=3820644435

豆乳美肌保湿套装
让您的肌肤和豆乳一样水润。
特价123元

图 5-56　促销文案

设计终稿（见图 5-57）。

图 5-57　设计终稿

根据布局标准，模特和产品的位置是可以左右调换的，这样统一的图片放在店铺中会不会觉得单调呢？

不会的！因为这些图片会在不同的位置出现，当这些图片中的固定元素在客户眼前出现次数多时，客户就记住我们了。

同时，这样规范以后，所有美工的工作也轻松了，沟通也方便了，只需要美工找素材、换图片，工作效率也提高了，对美工的要求也低了。

所以，建立视觉标准是一举多得的好事情！

再看一个案例（见图 5-58）。

促销文案（见图 5-59）。

图 5-58　促销图片布局

图 5-59　促销文案

设计终稿（见图 5-60）。

图 5-60　设计终稿

如果没有标准

如果没有标准，会是什么样的呢？（见图 5-61）。

图 5–61 没有标准的促销图

没有标准的促销图，即使是一个美工做的，也像是十个美工做的，颜色不统一、布局不统一、主题不突出、没有品牌感等问题都出现了。

如果有了标准，店铺里十个美工做的都像是一个人做的，而且再也不怕美工流失，因为招一个美工可以马上上手，而且要求不高。

5.4 美工管理

美工工单管理

有了标准以后，如果美工工作量很大，则可以使用美工工单管理，流程化作业。如果是开店初期，则建议不要使用这种方法。

美工工单分为 A、B、C、加急等几种（见图 5-62），这可以根据自己店铺的情况来定。

			A类工单
美工工单-内部			
工单发起时间	6月10日	最晚完成时间	
任务发起人		项目名+编号	
人员安排			
任务			
任务要求			
预计工时			
要求延长工时		延时原因	
审核人			
时间安排	起始时间：	结束时间：	
完成时间	实际完成时间：	实际工时：	
完成情况		未完成原因	责任鉴定
工单评分		评分标准	1分：不满意 2分：基本满意 3分：非常满意

工单流程：下单—审核—安排—执行—发给对接人验收—对接人评分反馈给视觉组

注意:工单由各项目组发起，美工组经审核后从起始时间开始执行；执行中任务发起人跟踪进度并协助。
为保证美工效率，请确认所有**准备工作（资料、方案）到位**并确认后再下发美工工单。

图 5-62　美工工单

每类工单都有固定的工时单价，这个标准可以根据自己店铺的实际情况来定（见图 5-63）。

视觉组 工作内容-详细分类(试行)

开新店类			店铺运营类		
级别	工作内容	工时/单个	级别	工作内容	工时/单个
A类	初期 品牌调研	16	A类	焦点图设计	6
	定风格 规划店铺草图	8		硬广图片设计	3
	设计店铺首页	16		首页改版	8
				新做标签页	4
				重新设计产品描述[模板]	8
				店内大型活动页面设计	8
				店内大型活动图片设计	4
				全面跟踪大型活动当天相关工作	8
B类	子页面设计	4	B类	店内中小型活动图片设计	3
	设计产品描述模板	10		首页单品展示图片设计	1
				首页热销展示区设计	2
				子页增加小模块	2
				子页关联销售展示区设计	2
C类	整理归类产品图片及资料	8	C类	处理优化产品描述图片	0.5/款
	优化产品图片 调整图片大小	0.5/款		按模板替换产品描述	0.5/款
	按模板替换产品描述	0.5/款		修改产品描述信息	0.5/款
	切图上传及生成描述页面	0.2/款		增加删除店铺旺旺	0.3
				页面单品图片改标题价格	0.2
				店内图片错误修改	0.2

图 5-63　下单标准

美工工单管理流程

美工工单管理流程如图 5-64 所示。

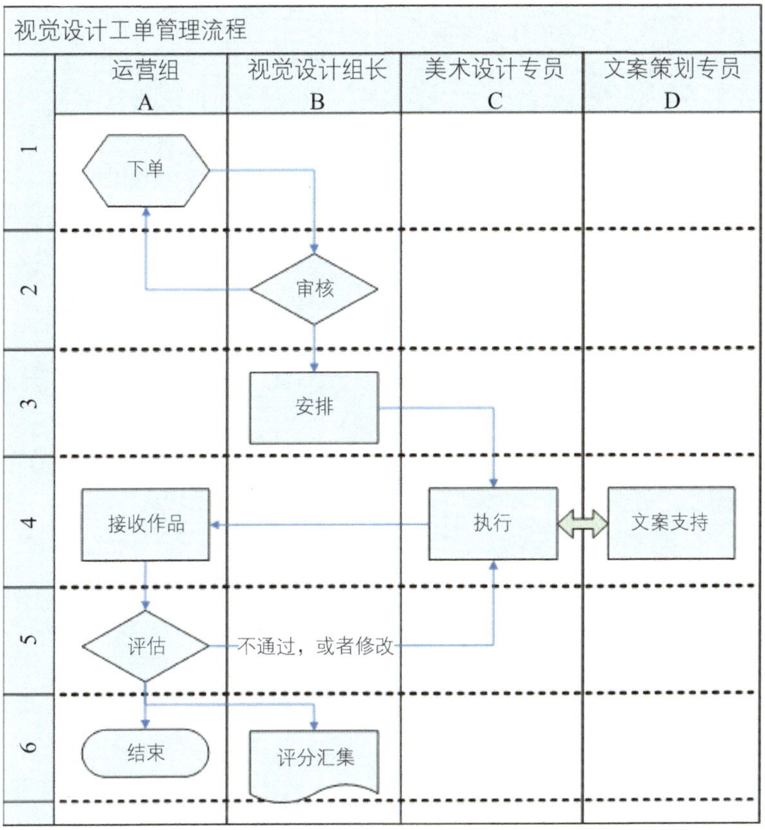

图 5-64　美工工单管理流程

只有让每个部门的职能标准化，才能进行流程化管理。这需要有一个磨合的过程，一旦磨合好了，你的团队就将是一个高效的团队！

第 6 章

视觉 VI 手册

前言

建立自己的视觉 VI 手册，是提升店铺品牌知名度、提高美工工作效率最好的方法！

此 VI 手册为红桃 K 官方旗舰店的精简版，只作教学用，仅供参考，文中有关红桃 K 的核心内容已经删除，请勿完全模仿！

6.1 品牌视觉

一、品牌 VI

1. Logo

（1）红桃 K 官方旗舰店 Logo

必须按照图 6-1 中所列出的商标标准尺寸来使用 Logo。Logo 缩放大小时务必等比例缩放。

图 6-1 红桃 K 的 Logo 标准尺寸

（2）Logo 在店招中的应用

店招的设计要求：店招总长为 950 像素，Logo 必须放置在左侧，上、下、左、右必须留出至少 10 像素的空间（见图 6-2）。

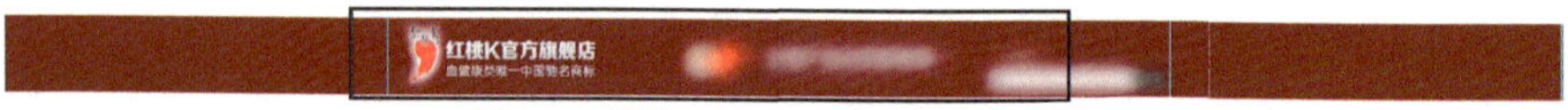

图 6-2 红桃 K 的 Logo 在店招中的应用

（3）Logo 在 TMALL 搜索中的应用

在 TMALL 搜索中 Logo 必须放置在线框左侧，离上、下、左、右文字线框各 10 像素（见图 6-3）。

图 6–3　红桃 K 的 Logo 在 TMALL 搜索中的应用

（4）Logo 在主图中的应用

在制作 310 像素×310 像素主图时，Logo 必须放置在主图的左边，上、左必须留出至少 10 像素的空间。在制作主图系列图时，Logo 的大小必须一致（见图 6-4）。（宽高实际像素：85×38）

图 6–4　红桃 K 的 Logo 在主图中的应用

在制作 800 像素×800 像素主图时，Logo 必须放置在主图的左边，上、左必须留出至少 20 像素的空间。在制作主图系列图时，Logo 的大小必须一致（见图 6-5）。（宽高实际像素：200×90）

（5）Logo 在直通车中的应用

Logo 必须放置在直通车图的左边，上、左必须留出至少 20 像素的空间。在制作直通车系列图时，Logo 的大小必须一致（见图 6-6）。（宽高实际像素：200×90）

图 6-5　红桃 K 的 Logo 在直通车中的应用

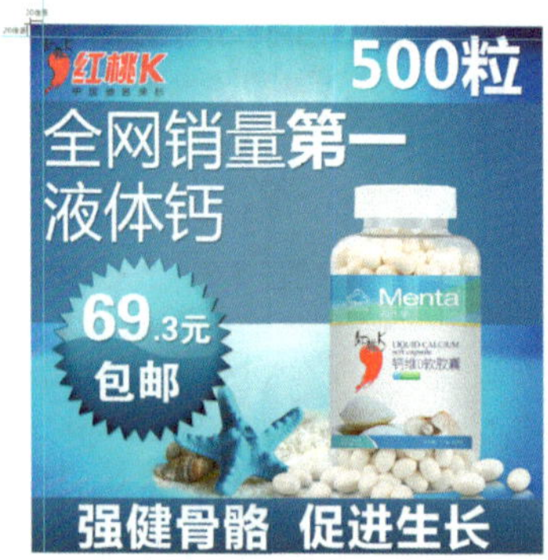

图 6-6　Logo 的大小必须一致

（6）Logo 在聚划算中的应用

Logo 必须放置在聚划算图的左边，上、左必须留出至少 20 像素的空间。在制作聚划算系列图时，Logo 的大小必须一致（见图 6-7）。（宽高实际像素：200×90）

图 6-7　红桃 K 的 Logo 在聚划算中的应用

（7）Logo 在钻展中的应用

Logo 放置在钻展图的左边或右边，上、左必须留出 10～20 像素的空间。

540×290 钻展图的 Logo 距上、左各 20 像素（见图 6-8）。（宽高实际像素：27×49）

图 6-8　Logo 在 540×290 钻展图中的应用

490×170 钻展图的 Logo 距上、左各 20 像素（见图 6-9）。（宽高实际像素：27×49）

图 6-9　Logo 在 490×170 钻展图中的应用

728×90 钻展图的 Logo 距上 10 像素、左 20 像素（见图 6-10）。（宽高实际像素：23×43）

图 6-10　Logo 在 728×90 钻展图中的应用

300×100 钻展图的 Logo 距上、左各 10 像素（见图 6-11）。（宽高实际像素：19×36）

图 6-11　Logo 在 300×100 钻展图中的应用

200×200 钻展图的 Logo 距上、左各 10 像素（见图 6-12）。（宽高实际像素：16×13）

160×200 钻展图的 Logo 距上、左各 10 像素（见图 6-13）。（宽高实际像素：16×31）

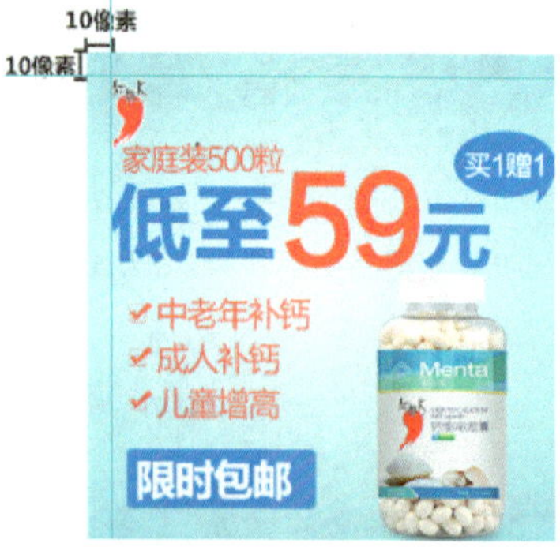

图 6-12　Logo 在 200×200 钻展图中的应用

图 6-13　Logo 在 160×200 钻展图中的应用

2．字体

标题字、内容、数字、边距、行距的使用规范，如图 6-14 所示。

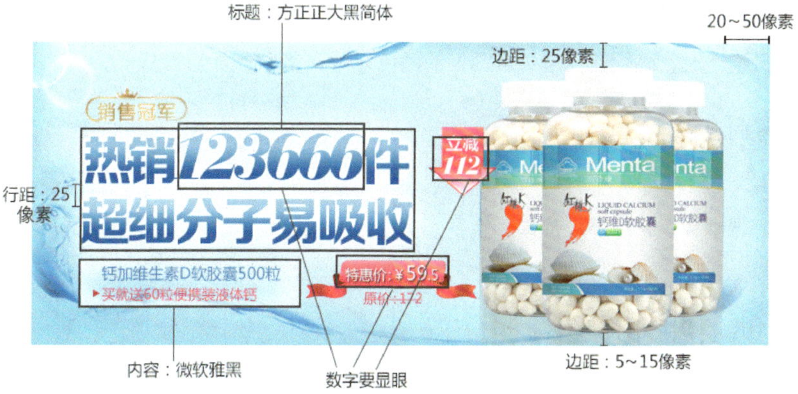

图 6–14　标题字、内容、数字、边距、行距的使用规范

3．颜色

（1）主色

图 6-15 所示是红桃 K 中文商标及标准色彩表达，必须严格执行其标准。

#e62129
#332c2b

图 6–15　红桃 K 中文商标及标准色彩

（2）辅助色

#4e0003　#5c0004　#850106　#b0040b

#d3050d　#eb0711　#fc313a

（3）对比色

#facd89　#cce189　#7ecef4　#c79ae1

#f3bbbd　#fff799

（4）宝贝描述用色

在做宝贝描述时，必须使用宝贝屏贴上的颜色，做到整个画面色调统一。

二、品牌接触点

1. 淘宝网

直通车、聚划算、钻展、硬广、淘宝客、其他。

2. 淘宝外

京东、拍拍、拉手、其他。

三、品牌其他

在制作品牌故事时，画面的整个色调以红色为主，务必使用以下文字（可酌情添加）。图片与文字混编，切忌杂乱。

1. 品牌故事

还记得那支红桃 K 中国甲级联赛足球队吗?

还记得覆盖全中国漫山遍野的红桃 K 广告吗?

还记得童年时红桃 K 给你留下的深刻记忆吗?

还记得坐落在光谷红桃 K 成片的工业园和产业园吗?

不错，这就是我们，中国保健品连续 22 年占有率第一品牌。

2. 企业简介

（略）

3. 发展历程

（略）

4. 研发生产基地

（略）

5. 集团荣誉

（略）

6.2 营销视觉

一、促销型广告设计的标准

1．促销型广告设计的标准

2．案例（见图 6-16）

（1）主题突出（家庭特惠装 500 粒——热销 11093 件，9800 条好评推荐）

（2）目标明确（中老年补钙/成人补钙/儿童增高——好钙片，1 瓶搞定）

（3）形式美观（画面的美感——产品布局位置）

图 6-16　红桃 K 促销图案例

二、广告资源位

1．直通车（见图 6-17）

主题、功效、价格、布局、色彩

规格大小

规格：800px*800px

图片大小：500KB 以下

图 6–17　直通车促销图片

2．钻展

（1）淘宝首页焦点图（见图 6-18 和图 6-19）

规格大小

广告位名称：淘宝首页焦点图

规格：490px*170px

图片大小：41KB 以下

图 6–18　淘宝首页焦点图（一）

规格大小

广告位名称：淘宝首页焦点图

规格：540px*290px

图片大小：76KB 以下

图 6–19　淘宝首页焦点图（二）

（2）首页一屏大图（见图 6-20）

规格大小
广告位名称：首页一屏大图
规格：300px*100px
图片大小：15KB 以下

图 6–20　淘宝首页一屏钻展大图

（3）收藏底部小图（见图 6-21）

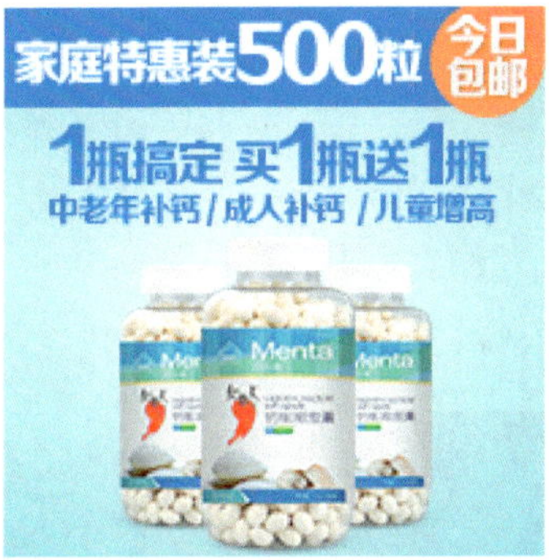

规格大小
广告位名称：收藏底部小图
规格：200px*200px
图片大小：20KB 以下

图 6–21　收藏底部钻展小图

（4）交易详情底部通栏（见图 6-22）

规格大小
广告位名称：交易详情底部通栏
规格：160px*210px
图片大小：16KB 以下

图 6–22　交易详情底部通栏钻展图

（5）首页三屏通栏（见图 6-23）

规格大小

广告位名称：首页三屏通栏

规格：728px*90px

图片大小：32KB 以下

图 6-23　首页三屏通栏钻展图

三、红桃 K 广告图片的制作标准

1. Banner 的制作画布大小

首页 Banner：宽 950px，高 400px。

内页 Banner：宽 750px，高 316px。

2. 版心与画布距离

版心边缘与画布边缘为画布垂直距离的 3%～5%（见图 6-24）。

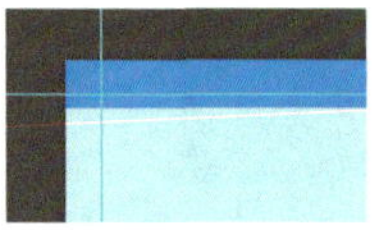

图 6-24　画布边缘

注：画面内容不得超出版心，特殊表现手法除外。

3. 颜色

严格按照 VI 标准色执行（背景取色以产品瓶贴色调为主，见图 6-25）。

图 6-25　背景取色以产品瓶贴色调为主

4．字体

（略）

5．标签

引导标签严格按照 VI 标准色执行，与 Logo 元素巧妙结合（见图 6-26）。

图 6-26　标签

6．设计

（1）主题突出

- 价格和折扣是重点突出的主题，应该放在视觉焦点上。
- 突出主题，要注意形式不可大于内容。
- 同等级别的多主题表达，形式要保持一致，不得多于两个，这样让阅读者容易找到规律，一次获取多条信息。
- 不同等级的多主题表达，要分清主次关系，把次要信息降到第二层级，避免平均分配造成主要信息弱化。

（2）目标明确

- 符合目标人群 20～35 岁大众的审美需求，字体清晰、简洁，色彩柔和。
- 素材与目标人群特征吻合。

（3）形式美观

- 色彩：符合 VI 标准，用色不得超过 3 种，并按照 6∶3∶1 的比例配置。
- 字体：符合 VI 标准，主题文字突出。
- 标签：简洁明快，严格按照 VI 标准色执行，严格按照画面整体类似色取色。
- 引导：有立体感，起到暗示点击的作用，严格按照 VI 标准色执行（见图 6-27）。

图 6-27　引导按钮

- 气氛：营造恰当，气氛依赖于细节的把握，比如引流款要营造出热销的氛围（见图 6-28）。

图 6–28　热销的氛围

- 构图：采用黄金分割线、栅格化系统。

01 上下分割（见图 6-29）

上下分割是较为常见的形式，是将版面分成上下两部分，其中一部分配置图片，另一部分配置文字。

此构图给人一种安静、平稳之感，但稍显呆板。

图片应尽量活泼，富有动感；文字应稍多，调节版面。

图 6–29　上下分割

02 左右分割（见图 6-30）

将版面分成左右两部分，给人一种肃穆、崇高之感。

由于视觉原因，图片应配置在左侧，右侧配置小图片或文字。

两侧明暗对比强烈效果更好。

图 6-30　左右分割

03 斜向分割（见图 6-31）

将图片倾斜放置或将画面斜向分割，可以产生动感。

对于汽车或较为呆板的产品，倾斜放置效果较生动。

图 6-31　斜向分割

04 螺旋形编排（见图 6-32）

将图片由大到小、由外向内有规律地渐变配置，形成螺旋形，使人的视觉轨迹由外向内弯曲旋转，最终落到中心点，形成一定的动感。

此构图适合多幅图片的编排，而且中心点一般是广告中最重要的图片。

图 6-32　螺旋形编排

05 以中心为重点的编排（见图 6-33）

图片或要重点突出的元素配置在画面的中心，会起到强调作用。

如果由中心向四周放射，则可达到统一的效果。

06 L 型编排（见图 6-34）

图片以右侧为中心，突出重点，左下侧为辅助内容。

图 6-33　以中心为重点的编排

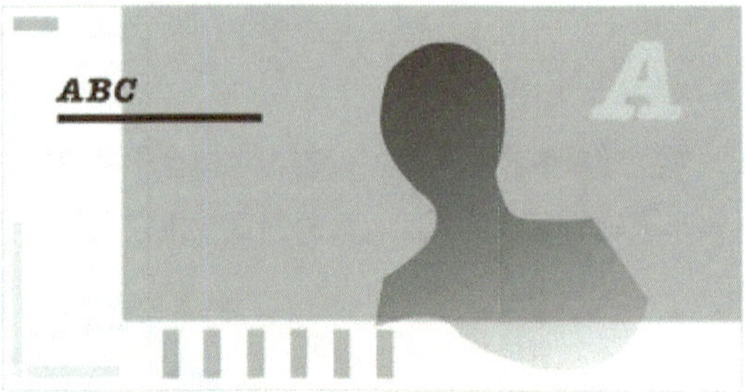

图 6-34　L 型编排

07 U 型编排（见图 6-35）

图片放置在版面中央的上方或下方，并在一方出血，产生 U 型空白。

空白处的编排要精心设计，否则会显呆板。

08 三角型编排（见图 6-36）

最富稳定感的金字塔形。

图 6-35　U 型编排

图 6-36　三角型编排

09 强调上下（左右）编排（见图 6-37）

将图片或文字放在上下（左右）两端，相互呼应，产生一种稳定的水平作用力。

图 6-37　强调上下（左右）编排

10 N 型编排（见图 6-38）

将图流线型编排，使视线上线反复移动。

此构图较适合多图编排。

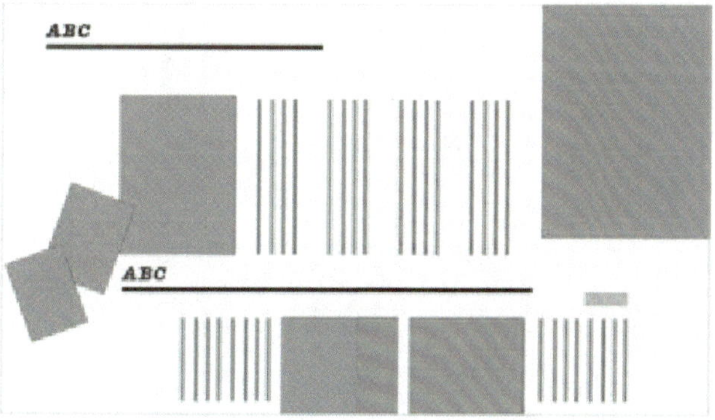

图 6-38　N 型编排

11 重复编排（见图 6-39）

把内容相同或者有着内在联系的图片重复编排，会使人产生冷静的畅快感和调和感。

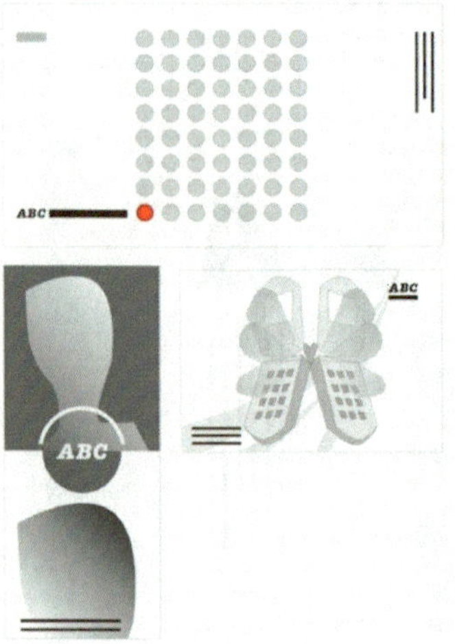

图 6-39　重复编排

12 并置编排（见图 6-40）

把内容相同的图片以大小相同的面积放置在一起。

图 6-40　并置编排

13 包围（见图 6-41）

用图案或图形将四周围起来，使画面产生喧闹热烈的气氛。

图 6-41　包围

6.3　产品视觉

一、产品文案

上架属性表：上架前编写的产品属性文案表格。（略）

二、产品拍摄

1．拍照要求

（略）

2．道具

高像素手机或相机，干净、整洁的白纸。

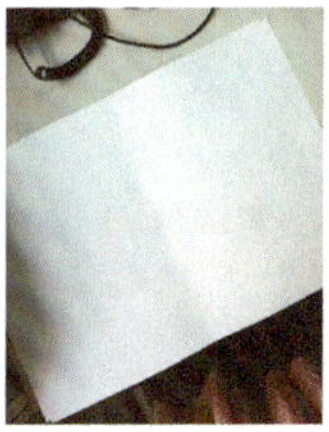

三、内页结构

1．5 张主图要求

（1）第 1 张

（略）

（2）第 2 张

（略）

（3）第 3 张

（略）

（4）第 4 张

（略）

（5）第 5 张

（略）

（6）背景

（略）

2．自由搭配（见图 6-42）

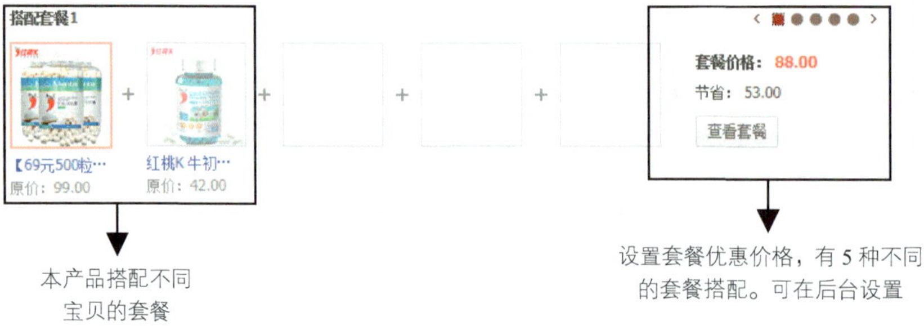

图 6–42　自由搭配

3．店内活动，满就送（见图 6-43）

图 6–43　店内活动，满就送

店内活动，一般为满 XX 元送 XX，满 XX 元包邮等形式。位于每一个宝贝描述的第一位。

4．产品属性（见图 6-44）

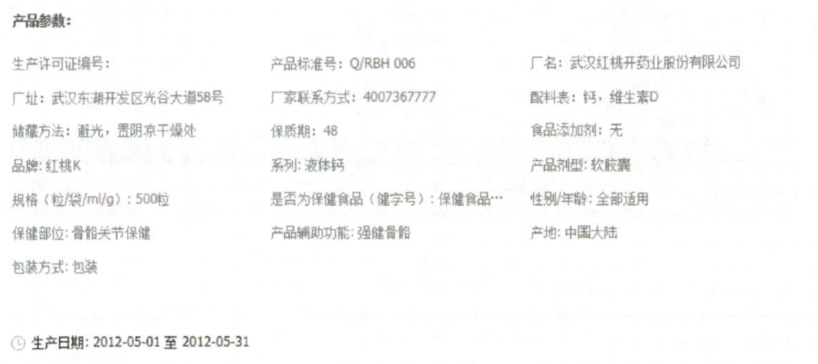

图 6–44　产品属性

产品基本属性，保健品一般有食品添加剂、配料、产品剂型、是否为保健食品（健字号）、规格、保健部位、产品辅助功能等特殊信息，根据产品手册尽量填写完整。

5．关联推荐

（1）区域大小

750 像素×200 像素。

（2）选款要求

特别适合搭配吃的产品，例如：牛初乳+钙这样的搭配。

（3）模块的意义

可以轻松地提高客单价，配合活动可以提升一定的转化率，方便新品推广。

一般关联销售位于宝贝描述正文的上方，主要有以下几种形式。

- 套餐关联（见图 6-45）

图 6–45　套餐关联

- 单品关联（见图 6-46）

图 6-46 单品关联

- 搭配组合关联（见图 6-47）

图 6-47 搭配组合关联

6．搭配套餐，或引流款推荐（见图 6-48）

图 6-48 搭配套餐，或引流款推荐

7．引发兴趣，产品广告图

（1）主题突出

促销的主题一般是价格、折扣和其他促销内容本身，所以这个信息应该放在视觉焦点上，被突

出和放大。（宽度×高度：750×450）

（2）目标明确

模特既要与目标人群特征吻合，也要和产品特点吻合。

（3）形式美观

形式美观体现在色彩、字体、引导、标签、对比和夸张、修图、构图、取舍、氛围等方面。

8．产品升级

比较前后产品的区别，让客户感觉到升级产品更加吸引人，突出表达升级的地方。

9．产品信息

（1）区域大小

一般不超过一屏。

（2）排版结构

左上为品牌、产品名称、包装、规格、产地、形态、保质期、储藏方法；

右上为产品，一般瓶装为 3 瓶，盒装为 1 盒（加适量的相关成分素材）；

下边为产品介绍（即成分/含量）、适用人群、服用方法、温馨提示。

（3）模块的意义

让客户在浏览宝贝描述时，能第一时间知道产品的各种基本信息，完整、有效的产品信息更能增强客户对产品的信赖，增加专业性。

10．产品特色

（1）排版结构

左边为素材图片，右边为文案描述。

（2）信息内容

内容为特色图片素材，直观表现特色所在，文案为微软雅黑大字标题，突出特色。

（3）模块的意义

让客户能马上了解到产品特色，初步激起购买欲望。

11．产品展示

- 正面展示
- 左侧面展示/右侧面展示
- 颗粒展示

12．产品功效

（1）排版结构

左边为素材图片（图片需要清晰地对应文字描述内容，给人共鸣感），右边为功效文案描述（每一个功效标题需加粗、放大、醒目）。

（2）模块的意义

介绍产品功效，让买家了解产品的用处。

13．适应症状

（1）排版结构

一排3张图片素材，图片上边为同色系标题（图片需要清晰地对应文字叙述的症状，给人共鸣感），图片下边为症状叙述（每一种症状标题需加粗、放大、醒目）。

（2）模块的意义

介绍产品所对应的症状，让买家引起共鸣，觉得自己也有描述中的症状，激起购买欲望。

14．适应人群

模块的意义：介绍产品所对应的人群，让买家对号入座。

15．权威检测报告

（1）版块结构

防伪标识、检测报告清晰可见，重点突出、强调。

（2）模块的意义

让买家最后吃下定心丸，见证产品的安全权威性。

16．客户好评

（1）版块结构

按条依次横版罗列。

（2）信息内容

真实客户的好评，用红色1像素线框重点突出，下面用红色14号微软雅黑字体写上评语。

（3）模块的意义

真实客户的好评可以增加产品效果的真实性，增强买家的购买欲望。

四、店铺装修标准

1. 色彩

- 主色：红色。
- 辅色：白色或者产品包装色（见图 6-49）。

图 6-49　Logo 红色为主色

2. 字体

- 标题：方正正黑字体系列。
- 内容：微软雅黑字体。

3. 店招、导航

（1）店招

左边为红桃 K 店铺 Logo，中间为促销活动或推荐的爆款，右边为搜索栏和收藏按钮（见图 6-50）。

图 6-50　店招的布局

（2）导航

导航栏中有所有商品分类、首页、品牌介绍、补血第一、魅力女人、强健男人、健康儿童、关爱父母、本月特价（见图 6-51）。（分类原则：让买家以最快的时间找到自己想要的产品。）

副栏为热门搜索词（后台编辑）。

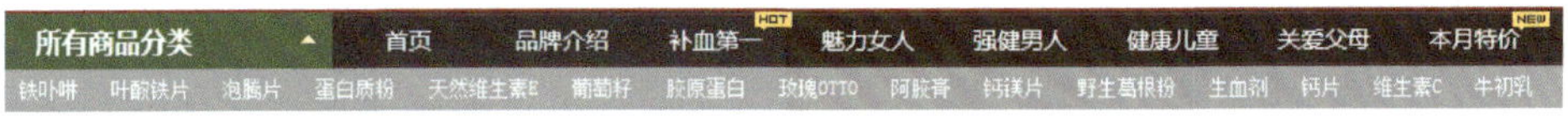

图 6-51　导航

4．购物路径

通过路径与品牌视觉，做好产品与资源的配比，缩短购物路径，进入单品页面不能超过两次点击。

5．首页

（1）第一屏

必须包括店招、导航、轮播广告大图/活动大图、热销单品小图、搜索导航。

（2）搜索栏

必须在第一屏或第二屏有完整、醒目、清晰的搜索目录，分类清晰、合理。

（3）商品陈列

商品陈列错落有序，简单、大气、整体，每屏必须有重点。

6.4 视觉相关

一、SEO 标准

1．切片

单张图片的规格大于 750 像素×450 像素，大小不超过 150KB。

2．图片格式

对于颜色丰富的图片，如产品图片一律用 JPG 格式；对于颜色单一的图片，如纯色文字形式的图片，一律用 PNG8 格式。

3．图片注释

为了方便搜索引擎收录，每张图片都加相应的 alt 注释，如：<img src="http://img01.taobaocdn.com/imgextra/i1/550869609/T22oduXfJNXXXXXXXX_!!550869609.jpg" alt="红桃 K 聚划算" />

4．标题优化

- 结构标准化[品牌+类目名+产品名称+促销]。
- 适当应用空格。
- 用完 30 个字。
- 尽量保证标题中有大流量关键词。
- 不得出现错别字。

- 不得堆砌关键词。

示例：

【红桃 K 专利】铁卟啉 DHA 软胶囊增强记忆补充脑力 办公备考必备

5. 文字优化

正文中的文字最好在 Dreamweaver 中排版，不要像图 6-52 这样直接放图片，这样不利于搜索引擎收录。

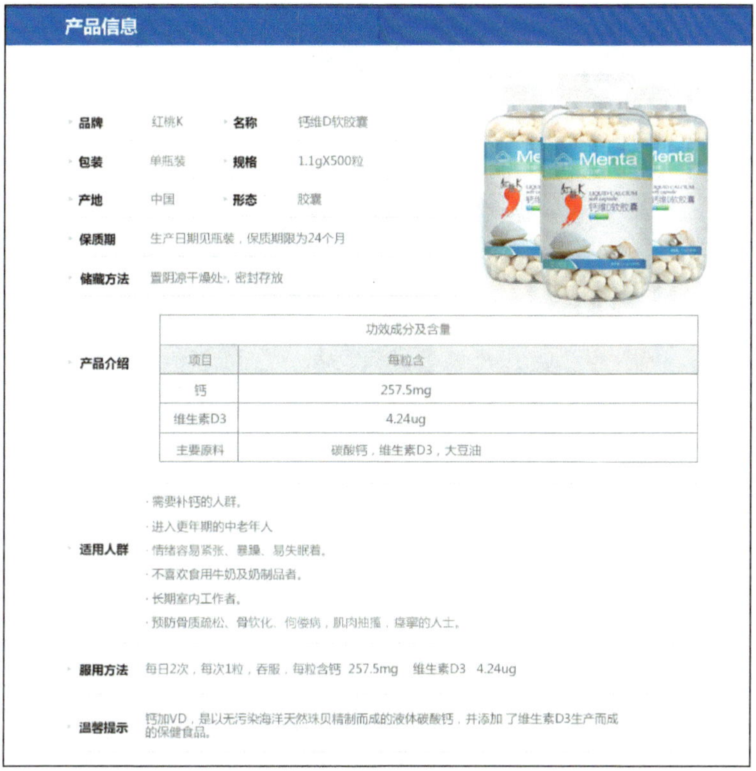

图 6-52 产品信息要以文字呈现

二、软件使用标准-基础

1. Photoshop 使用基础

（1）图层管理

- 图层命名（见图 6-53）

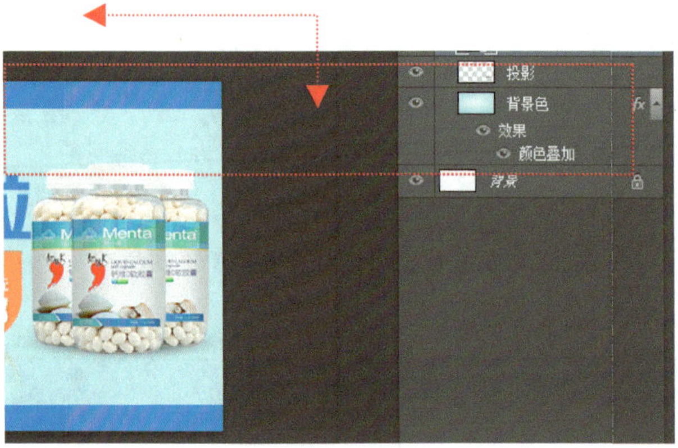

图6-53　图层命名

- 图层群组（见图 6-54）

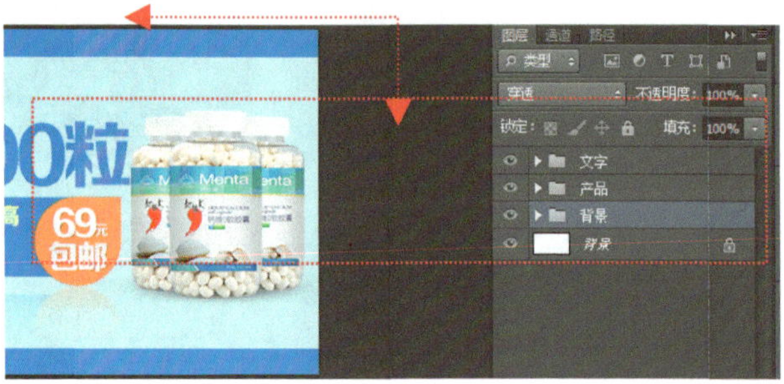

图6-54　图层群组

- 群组展开（见图 6-55）

图6-55　群组展开

（2）文档存储

- 存储为 Web 所用格式（见图 6-56）

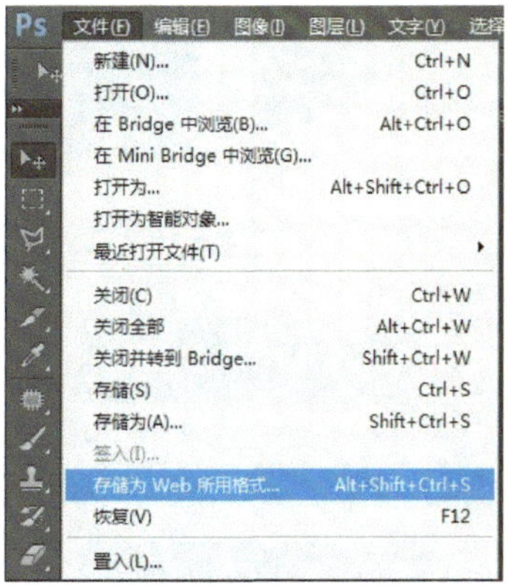

图 6–56　存储为 Web 所用格式

- 存储为常规的 JPEG 格式（见图 6-57）

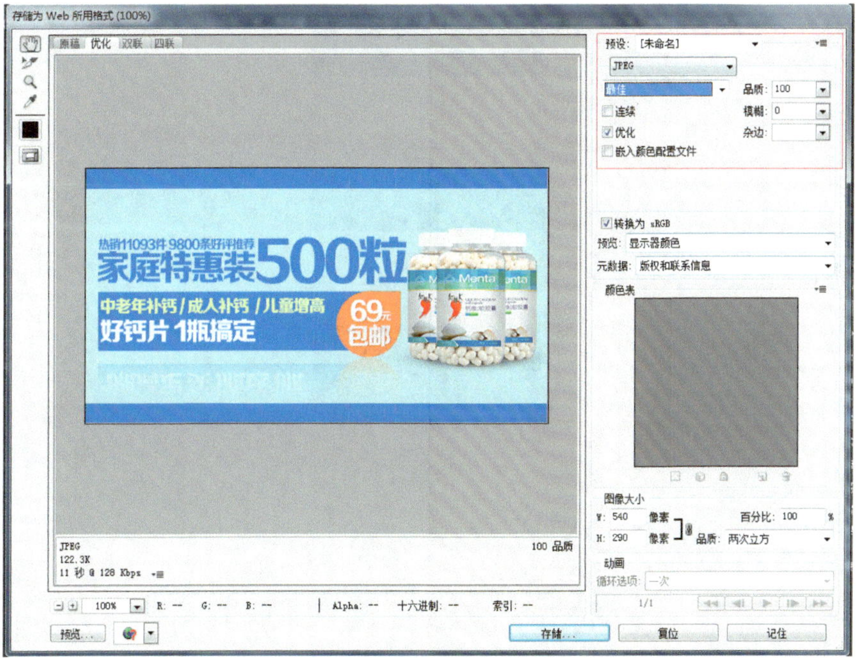

图 6–57　存储为常规的 JPEG 格式

（3）功能应用——制作按钮、标签

- 按钮形状

- 底色

- 渐变

- 光感

- 描边

- 投影

（4）切片

- 等比切片（见图 6-58）

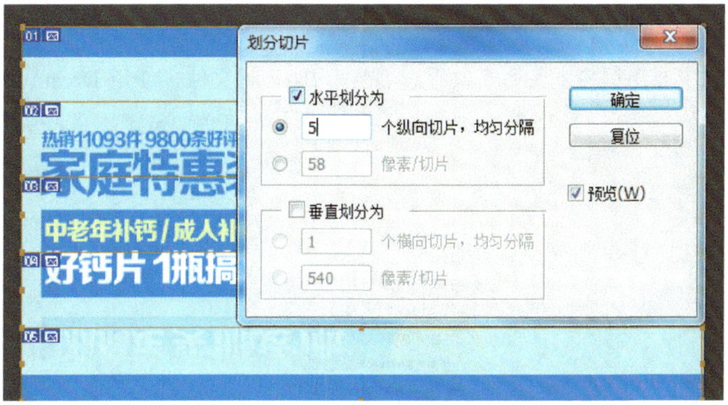

图 6-58　等比切片

- 微调及标准（见图 6-59）

图 6-59　微调及标准

说明：

- 切片时尽量不要把产品部分切开。
- 尽量按均匀分布切片。
- 单张切片不要超过 350 像素高。
- 单张切片大小不要超过 100KB。
- 总大小小于 2MB。

2．Dreamweaver 使用基础

Dreamweaver 在网页设计中相当于管理者，主要有以下几个作用：管理站点、网页文字与表格排版、DIV+CSS 网页布局、插入图片、建立超级链接、生成淘宝代码等。

（1）管理站点

由于一个网店中要用很多的图片、文字、视频、flash 等文件，使用 Dreamweaver 可以方便对这些文件进行自动分类管理，所以要求每位美工在拼页面之前必须先建站点，将不同类别的图片分类保存。

示例：

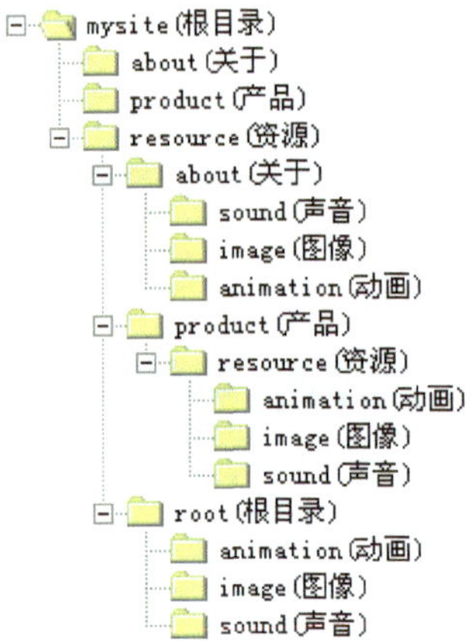

（2）网页文字与表格排版

表格排版是 Dreamweaver 中最基础的排版方式，作为美工必须掌握表格的以下知识。

- 如何插入表格。
- 表格的属性设置。
- 单元格的属性设置。
- 表格细边框线的设置方法。

使用表格的注意事项如下：

- 整个网页最好不要只用一个表格。
- 复杂的表格不要拆分单元格。
- 嵌套表格的宽度最好用百分比表示。

（3）DIV+CSS 网页布局

这是 Web 2.0 的新技术，主要是将表现形式和内容分开。采用这种技术排版的网页打开速度快，更利于搜索引擎收录等。但淘宝网对于有些 CSS 样式表做了限制，所以美工必须对这部分内容相当熟悉。

CSS 样式表：统一规划网站中所有网页中所有对象的样式，具体分为以下 3 种形式。

- 类：应用于选中的对象。
- 标签：自动应用于 HTML 所标记的对象。
- 高级：自动应用于有链接的文字。
    - ➢ a:link，有链接文字的一般状态；
    - ➢ a:hover，指向状态；
    - ➢ a:active，激活状态；
    - ➢ a:visited，点击后的状态。

定义个性化的有链接文字的样式，将高级和类结合起来设置。

样式表命名规则：必须由字母、数字、下画线组成，且打头的必须是字母或者下画线。

（4）插入图片、建立超级链接

这是 Dreamweaver 最基础的功能，如果一个图片上有多个链接，请用热点。

（5）生成淘宝代码

使用 Dreamweaver 生成淘宝代码方便、快捷，美工必须将所有宝贝页面的代码保存在本地计算机中，以方便误删宝贝后可以及时补救。

《成功电商之路总裁班》

——每一个企业老板都必须学习的电商课程

- **电子商务运营经验丰富的淘宝网商们，为什么增长越来越难，利润越来越少，生意一年比一年难做？**
- **资源与资金都具备优势的传统企业们，为什么电子商务无从下手，陷入一做就亏，不做就死的境地？**
- **作为企业负责人，如何运用电子商务发展的本质规律，如何制定符合企业的电子商务发展战略，如何搭建系统的电子商务运营体系？如何打造电子商务的运营团队？**
- **答案就在——《成功电商之路总裁班》课程，这是每位企业老板都必须学习的电商课程！**

1 课程背景

网商动力研究院总结多年来服务企业开展电子商务的经验，不断完善企业电商课程体系，现已经形成了以战略、运营和管理三大知识体系为支柱的电商总裁班课程与电商经理人课程体系，并在实际教学过程中得到了上千家企业的认可和效果验证。网商动力研究院研究发现，当前企业开展电子商务最大的障碍就是对电子商务与企业经营管理缺乏系统认识，看到局部而不能看到全局，看到现象而不能看到本质，学会技巧却不了解规律。网商动力研究院为了帮助企业负责人快速建立起企业电子商务系统思维，通过电子商务将企业的品牌、运营和管理融会贯通，集所有讲师之精髓，课程之精华，倾力打造出浓缩经典课程——《成功电商之路总裁班》，帮助企业家们点亮电商智慧，成就品牌梦想。

2 课程简介

课程名称：《成功电商之路总裁班》培训课程

适合企业：在淘宝、天猫、京东等各大电商平台开展电子商务的品牌企业与网商，具备电商事务决策权的企业董事长、CEO、总经理（本课程不接受总经理级别以下人员参加）

课程目的：帮助企业负责人在最短的时间内相对系统的学习企业开展电子商务的战略规划与运营策略及团队组建，帮助企业负责人全面、客观的了解电子商务，理解电子商务发展规律，结合企业自身实际情况重新调整优化电子商务的战略方向与运营策略。

课程收益：

（1）了解电商企业经营中战略、运营、管理的关系，重新优化自己企业的电商发展线路与运营策略；

（2）学习企业开展电子商务的客观规律与发展线路，对自己的发展有更多的认知；

（3）聆听成功电商企业老总的现场分享，与优秀企业家相互交流、拓展人脉；

3 课程内容

课程模块	授课主题	课程目的
第一模块：电商发展战略	《企业电商本质》	总结网商发展的各类现实问题，梳理电子商务的各类知识，帮助电商企业老板建立系统化的知识体系，从而指导企业理解电子商务发展规律，并结合企业自身实际情况重新调整优化电子商务的战略方向与运营策略
	《电商品牌本质》	企业电子商务的竞争等于品牌的竞争，但是企业开展电子商务总是难以摆脱价格战的困扰，而价格战的根源在于我们没有从卖货思想转变为品牌思想。本课程将指导企业如何根据消费者需求确定自己的品牌定位，完成品牌策划。
第二模块：电商运营策略	《电商运营本质》	如何让网店的销量快速提升，如何策划日销万件的营销活动，如何让品牌的影响力在互联网上快速传播，背后都离不开电商运营的智慧与力量。本课程将指导企业理解运营的本质，提升运营能力。
	《视觉营销本质》	视觉是客户了解商品认知品牌的最直接方式，但视觉也是电商运营中最难以标准进行管理，最难掌握规律的部分，本课程将系统分析视觉营销的本质规律，彻底解决企业老板对于视觉营销方面的困惑。
第三模块：电商管理攻略	《电商管理本质》	一个电商企业从成长走向成熟，必须建立有效的流程与标准，必须建立有效的人力资源管理体系，必须建立完善的财务与数据化管理体系。本课程将帮助企业快速建立流程化管理的思想和团队建设的基础。
	《电商数据本质》	电商企业如何制定合理的年度运营计划，如何分解销售目标，如何制定广告投放计划与预算，如何制定每个部门与员工的KPI考核体系等，本课程将从电商数据化运营与管理的角度系统讲授。